Andreas Heusler

Geschichte der öffentlichen Bibliothek der Universität Basel

Andreas Heusler

Geschichte der öffentlichen Bibliothek der Universität Basel

ISBN/EAN: 9783743614987

Hergestellt in Europa, USA, Kanada, Australien, Japan

Cover: Foto ©ninafisch / pixelio.de

Weitere Bücher finden Sie auf **www.hansebooks.com**

GESCHICHTE
DER
ÖFFENTLICHEN BIBLIOTHEK
DER
UNIVERSITÄT BASEL

VON

ANDREAS HEUSLER

PROGRAMM

ZUR

REKTORATSFEIER DER UNIVERSITÄT BASEL

BASEL
UNIVERSITÄTSBUCHDRUCKEREI VON FR. REINHARDT
1896

Zu der Feier der Eröffnung des neuen Bibliotheksgebäudes wünschte die Bibliothekskommission, löblichem alten Brauche folgend, den zahlreichen Freunden dieses wichtigsten Universitätsinstitutes eine Festschrift darzubieten, in der ihnen das allmälige Werden und Wachsen der Anstalt in möglichst anschaulichem Bilde vor Augen gestellt würde. Der damit betraute Verfasser sieht am besten ein, wie unvollständig diesem Zwecke genügt worden ist. Hat einerseits das vorhandene, wenigstens das dem Verfasser dermalen erreichbare Quellenmaterial nicht ermöglicht, erheblich über das hinauszukommen, was schon im Jahre 1849 Ratsherr Peter Merian in der Festschrift anlässlich der Einweihung des Museums mitgeteilt hatte, so sind auch andrerseits die in der Beschaffenheit des Stoffes liegenden Schwierigkeiten nicht immer mit Glück überwunden worden. Selbst wo eine trockene Statistik durch lebendigere Episoden unterbrochen wird, haftet diesen letztern oft eine durch eng begrenzte Verhältnisse bedingte Kleinlichkeit an, die wieder ans Licht zu ziehen manchem überflüssig erscheinen kann. Sie sind hier nicht unterdrückt worden, weil sie doch immerhin zum Charakter der Zeit gehören, in der sie geschehen sind, und damit auch den Zustand der Bibliothek in jener Zeit beleuchten. Sie sind den Zeitgenossen wichtig genug erschienen, um mit grossem Ernste behandelt zu werden; so hat ihnen Beachtung geschenkt werden müssen, selbst auf die Gefahr hin, statt eines breiten Flusses der Darstellung ein aus kleinen Einzelheiten zusammengesetztes Mosaik herzustellen.

1460 bis 1590.

Die offizielle Bezeichnung der Anstalt, deren Geschichte hier beschrieben werden soll, als öffentlicher Universitätsbibliothek giebt den zwei Thatsachen Ausdruck, dass sie allgemeiner Benutzung gewidmet ist, aber einen Bestandteil des Universitätsgutes bildet. Oeffentlich in diesem Sinne allgemeiner Zugänglichkeit ist sie erst im Laufe der Zeit geworden, ursprünglich sollte sie bloss den Universitätsstudien dienen, und ihr Anfang steht mit der Stiftung der Universität in Verbindung und ist, wenn nicht in das Jahr 1460 selbst, so doch in die nächstfolgenden Jahre zu setzen. Aber geräuschlos und bescheiden genug ist sie ins Leben getreten. Zählt heutzutage eine Bibliothek unter die notwendigen Lehranstalten einer Universität, die ohne solche kaum gedacht werden kann, so mögen wir uns wohl wundern, dass weder der Stiftungsbrief, noch die Statuten der Basler Universität sie überhaupt erwähnen und auch keinerlei finanzielle Mittel dafür angewiesen worden sind. Bloss zwei Belege kenne ich, die uns überhaupt ihr Dasein schon in den ersten Jahrzehnten der Universität verraten: Der erste ist ein Eintrag in einer Handschrift des Thomas von Aquin (auf der Bibliothek), vorn: Anno 1471 expensis universitatis emptus est liber iste, und hinten: iste liber pertinet ad librariam universitatis Basiliensis. Der zweite ist der Anhang zu den Universitätsstatuten von 1477, der den Eid der Schlüsselinhaber der Libraria formuliert und die Vorschrift enthält, dass kein Buch *fortan mehr* solle ausgeliehen werden. Also das war früher geschehen, die Libraria bestand mithin schon seit einiger Zeit. Aber wir werden sie uns recht unbedeutend denken müssen. Da sich keine Spur einer finanziellen Dotation findet, so mag entweder etwas von den Immatrikulations- und Promotionsgebühren für Bücherkäufe verwendet worden sein, oder man begnügte sich mit der unsichern Hoffnung auf die Liberalität von Gönnern und nährte sich ausschliesslich von den Geschenken, die teils in Geld, teils in Büchern der Universität von Seiten befreundeter Gelehrten zuflossen.[1] Den Bedürfnissen der Universität genügte diese Bibliothek so wenig, dass die Professoren vielfach die Schätze der Klosterbibliotheken in Anspruch nehmen mussten. Im Ausleihebuch

---

[1] Staatsarchiv Mappe Erziehungsakten D 02 enthält einen noch öfter zu citierenden, um 1840 abgefassten Bericht über die Bibliothek, es ist der Bericht des Bibliothekars an den Erziehungsrat zu Handen des helvetischen Ministers der Wissenschaften; darin ist gesagt: die Zeit der Stiftung der Bibliothek fällt in die Zeit der Stiftung der Universität selbst, nämlich in das Jahr 1460, da einige hiesige und fremde Gelehrte durch Geld- und Büchergeschenke den Grund zu derselben geleget.

der Karthause finden sich Lehrer der Universität als Benützer der Karthäuserbibliothek aufgeführt,[1]) der Unterschreiber Gerhard Megkinch bescheinigt in einem noch vorhandenen Empfangschein.[2]) vom Barfüsserkloster die Dekretalen und den liber sextus decretalium zu Vorlesungszwecken leihweise erhalten zu haben. Eben die Aushilfe, die man in den Klöstern fand, die Existenz und die Zugänglichkeit dieser Klosterbibliotheken mochte anfangs den Mangel einer Universitätsbibliothek weniger fühlbar und das Bedürfnis einer solchen weniger brennend werden lassen, so dass man sich um so lieber dabei beruhigte, als man sonst schon mit der finanziellen Fundierung der Universität genug Schwierigkeiten hatte.

Ebenso unsicher wie über den ältesten Bestand sind wir über das erste Lokal der Bibliothek. Im vorigen Jahrhundert herrschte die Tradition, dass sie in der Münsterkirche und zwar in einem Zimmer über dem Kreuzgang untergebracht gewesen sei.[3]) Es liegt hier aber wohl eine Verwechslung mit der von Bischof Johann von Venningen angelegten Bibliothek des Domstifts vor, die sich allerdings in einem Zimmer an der Stelle des spätern Doktorsaales über dem Kreuzgange des Münsters befand,[4]) nach Wurstisen zur Zeit der Reformation vernachlässigt und beraubt[5]) und erst 1559 und 1590 in ihrem Restbestande der Universitätsbibliothek einverleibt wurde. Ich neige mich eher zu der Annahme, dass (wie schon Vischer, Gesch. der Univ. S. 136 angiebt) die Universitätsbibliothek von Anfang an in einem Zimmer des Kollegiums untergebracht gewesen sei.

Für die Verwaltung der unbedeutenden Bücherei der Universität bedurfte es keines besonderen Bibliothekars, um so weniger, als kein Buch sollte ausgeliehen werden.[6]) Aber etwas besser als es in Wirklichkeit der Fall war, hätte man doch für die Verwaltung der Sammlung sorgen dürfen. Denn die Benutzung war in bedenklicher Weise unkontrolliert: das Recht, die Schlüssel vom Rektor zu verlangen, hatten sämtliche birretati (d. h. die Doktoren und die Magister der vier Fakultäten) und die Mitglieder des Universitätsrates; sie erhielten sie gegen Ableistung des Eides, kein Buch wegnehmen und veräussern und allfällig von ihnen verursachten Schaden ersetzen zu wollen, die Bibliothek sorgfältig zu schliessen und die Schlüssel niemanden weiter zu leihen, sie auch bei Wegzug von Basel dem Rektor zurückzustellen. Andere Leute mitzubringen war ihnen zwar gestattet, aber

---

[1]) Bernoulli, K. Chr. Ueber unsere alten Klosterbibliotheken, im Basler Jahrbuch 1895, S. 68.
[2]) Staatsarchiv Erziehungsakten Z 1. Megkinch war Unterschreiber 1447–1468.
[3]) So Beck (Bibliothekar) in: Wurstisens kurzer Begriff der Geschichte von Basel, vermehret von J. Chr. Beck (Basel 1757), S. 334.
[4]) Man möchte versucht sein zu vermuten, diese Bibliothek des Bischofs Johannes von Venningen als den Förderers und ersten Kanzlers der Universität sei eben die Universitätsbibliothek gewesen. Aber dies wird dadurch ausgeschlossen, dass sie in einer Urkunde vom 24 Juni 1460 (Staatsarchiv Domstift Nr 305) bestimmt als libraria generalis ecclesiae bezeichnet wird
[5]) Wurstisens Beschreibung des Münsters, herausgegeben von R. Wackernagel, in den Beiträgen zur basl. Geschichte XII, S. 462
[6]) Zusatz zu dem Eid für die Benützer der Bibliothek, im Statutenbuch des Universitätsarchivs, fol. 21: Item nullus liber amplius extra librariam alicui accomodetur

sie durften sie nicht in der Bibliothek allein lassen; nur mit Bewilligung des Rektors sollten sie die Schlüssel auch andern anvertrauen können. Darnach scheint es allerdings, wie es Vischer S. 136 auch auffasst, dass die Graduierten in ständigem Besitze der Schlüssel waren, der denkbar gefährlichste Modus für den Bestand einer Bibliothek.

Die Stärke der Büchersammlung zur Zeit der Reformation beziffert Vischer S. 137 auf etwa 250 Bände, auf Grund der Angaben von P. Merian in der Festschrift von 1849, S. 5. Diese Schätzung beruht so viel ich sehe auf dem ältesten noch vorhandenen Bibliothekskatalog, der die bibliotheca antiqua und die bibliotheca nova unterscheidet und einen Umfang der ersteren von etwa 250 Bänden aufweist. Wir werden aber bald sehen, dass es kaum angeht, unter der bibliotheca antiqua die zur Zeit der Reformation schon vorhandene Universitätsbücherei zu verstehen.

* * *

Als die Universität aus den Stürmen der Reformation neu organisiert hervorgegangen war, richtete sich die Aufmerksamkeit der Freunde der Wissenschaften auch auf eine Erhebung der Bibliothek aus ihrem kümmerlichen Vegetieren. Vorab war es der treffliche Bonifatius Amerbach, den diese Sorge beschäftigte. Aus seinen Aufzeichnungen während seines Rektorats 1535 auf 1536 ersehen wir, welchen Eifer er hiefür an den Tag legte. Namentlich betrieb er, dass die Buchdrucker veranlasst werden sollten, von den bei ihnen gedruckten Werken Freiexemplare an die Universitätsbibliothek zu schenken. Der Professor Johann Oporin hatte im Februar 1536 diese Sache angeregt, und Amerbach nahm darüber Rücksprache mit dem Oberstzunftmeister Theodor Brand. In seine Notizen trug er ein: 1536 item uff Cathedra Petri hab ich geret cum tribuno der druckhern halb; respondit, er wolle sin mittdeputaten darvon reden, die drucker beschicken und mit inen reden, hatt im die sach woll lassen gfallen; wyter der biecher halb wylent des zum Lufft hatt mir anzeigt, wie im kein zwyfel, *so man ein bibliothek uffrichte,* es werde der burgermeister sin biecher auch dahin geben. Uff das ich im anzeigt, wie her Frantz Ber mit mir gerett etlicher der biecher halb, die im der burgermeister vergunt ze liehen für sin sun, doch mit einer handtgeschrifft, die wiederzelegen u. s. w. Uff diss tribuni antwurt, dwil er ein erkantnus gebe, mög man die lassen volgen (?), und so man ein bibliothek uffrichte, mog man die begeren lut der handtschrifft) [1]

Was die hier erwähnten Bücher des Domherrn Arnold zum Luft betrifft, so wird später davon zu reden sein. Vorläufig interessiert uns die Bemerkung: so man ein bibliothek

---

[1] Aus den Schedae Amerbachianae mitgeteilt von Th. Burckhardt-Biedermann. Vergl. auch von demselben: Die Erneuerung der Universität zu Basel in den Jahren 1529—1539, in den Beiträgen zur vaterländischen Geschichte von der historischen Gesellschaft, XIV S. 429, wo aber m. E. unzutreffend von einer *Verpflichtung* der Buchdrucker zu Abgabe von Freiexemplaren ihrer Druckwerke an die Bibliothek die Rede ist. Ich werde in anderem Zusammenhange weiter unten auf diese Frage zurückkommen.

aufrichte. Das könnte so verstanden werden, als ob eine Bibliothek erst neu zu gründen gewesen wäre. Doch ist eher damit die Herstellung (Aufrichtung) eines neuen Bibliothekslokals gemeint, wie sie dreizehn Jahre nachher ins Werk gesetzt wurde. Denn eine Bibliothek war ja in der That vorhanden und es war zwei Jahre vorher, 1534, Doktor Andreas Karlstadt mit deren Inventarisation beauftragt worden. Ein Protokoll der „Bannherren oder Verordneten der Kirche" [1]) teilt mit: „Auf Mittwoch den 1. Juli 1534 ist Doktor Andreas Karlstadt auf Befehl eines E. Raths angenommen, soll in der Universität lesen, und predigen. Er soll von der Regenz als Glied der Universität aufgenommen werden . . . . Es sollen auch die bücher in der liberey inventiert und in ordnung geleit werden." Dass es sich hier um die Universitätsbibliothek und um einen Auftrag an Karlstadt zu deren Besorgung handelte, ergiebt sich aus einem von Hr. Prof. Egli in Zürich mitgeteilten Briefe des Buchdruckers Oporin an Bibliander in Zürich, der für einen Druck bei Oporin einen Text des Koran ausarbeitete. Oporin hatte ihm zu diesem Zwecke hinterrücks einen Koran aus der hiesigen Bibliothek zugesandt und fürchtete nun, dass bei der Revision dessen Fehlen und seine Eigenmächtigkeit entdeckt werde. Er schrieb daher am 2. August 1542 an Bibliander, er möge ihm doch diesen Koran baldmöglichst zurückschicken, damit er nicht in Ungelegenheiten komme Und, fügt er bei, wenn Bibliander gefragt werde, woher ihm der Codex zugekommen sei, so solle er sagen, Karlstadt habe ihn ihm geschickt, *denn dieser allein hatte eine Zeitlang die Schlüssel*. Man dürfe sich wohl über diesen nunmehr Verstorbenen eine Lüge erlauben, da er selbst bei seinen Lebzeiten gegen alle braven Leute Lügen geschmiedet habe.[2])

Jene von Amerbach angeregten Schritte bei den Druckern waren übrigens von bestem Erfolge begleitet. Sie schenkten fortan die aus ihren Pressen hervorgehenden Werke, was bei der Blüte des Basler Buchdruckes etwas heissen wollte, und diese Geschenke bildeten in den nächsten Jahrzehnten den fast ausschliesslichen Zuwachs der Bibliothek.

Dazu kam dann im Jahre 1559 die Zuweisung einiger alten Kirchenbibliotheken. Es gehören dahin:

1. die Bibliothek des Predigerklosters, die auf Antrag des Deputaten Heinrich Petri vom Rate in diesem Jahre der Universität übergeben wurde;

2. die von Johann von Venningen gegründete Domstiftsbibliothek, die im Münster aufgestellt gewesen war und in der Reformation schwer gelitten hatte. Ein Rest von etwa 300 Bänden blieb noch bis 1590 im Münster zurück.

---
[1]) Aus dem Staatsarchiv Kirchenakten A 9 S. 282 mitgeteilt von Dr Th Burckhardt-Biedermann. Siehe auch in den Beiträgen XIV S. 437
[2]) Sed et hoc te oratum volumus, si quis forte te roget, unde illud ad te missum sit, constanter affirmes, Carolstadium tibi misisse, dum adhuc viveret; *ille enim solus inter alios aliquamdiu claves habuit*. Et melius certe excusari factum hoc non poterit, nec oberit in virum non perinde bonum jam defunctum aliquid mendacii dicere, qui vivus in bonos omnes mendacia fingere et gravare apostolicos quosque invidia identidem consueverit.

Für die Unterbringung der dadurch wesentlich vergrösserten Bibliothek wurde ein Anbau an das Collegium hergestellt. Im Ausgabenbuch des Deputatenamts auf dem Staatsarchiv finden sich laut Mitteilung des Hrn. Dr. R. Wackernagel folgende Ausgabeposten: Joh. Bapt. 1558 59.

Meyster Hans Oppi dem murer umb arbeyt und tagwan an der nüwen bibliothec im collegio 11 ℔ 8 sh.

umb bsetzstein in die nüwe bibliothec 1 ℔ 4 sh.

dem schaffner zu Clingenthal umb 2350 bsetzstein, ouch umb sand und kalch zum buw der nüwen librj 12 ℔ 13 sh.

Dieser Anbau steht heute nicht mehr, er war ein Seitenflügel von dem östlichen Teile des Kollegiums gegen den Rhein und reichte bis auf die Rheinmauer, wie ihn der Stadtplan von Matthäus Merian noch deutlich sehen lässt.

Aus dieser Zeit stammt nun auch der erste Katalog der Bibliothek von der Hand des Professors (und wohl Bibliothekars) Heinrich Pantaleon. Er erteilt uns in mehrfacher Hinsicht wichtige Aufschlüsse.

Der Katalog ist überschrieben: Catalogus bibliothecae academiae Basiliensis secundum facultates et professiones dispositus anno 1559.

Ostenditur item quis typographus et quoto anno ediderit.

Ultimo ascribuntur etiam libri manuscripti et ii qui ex antiquis bibliothecis huc pervenerunt.

Der erste Bestandteil dieses Kataloges ist als bibliotheca nova bezeichnet und nach den zehn Fächern (ordines) theologia, jus, medicina, philosophia, historia, poesis, linguae, dialectica, rhetorica, mathematica disponiert. Die Bücher sind nicht in alphabetischer Reihenfolge geordnet. Hinter jedem ordo sind mehrere Blätter leer gelassen für die Nachtragung der neu angeschafften Bücher. Bei jedem Werke ist der Drucker angegeben, aus dessen Officin es hervorgegangen ist; es sind lauter Basler Drucker.

Nach der Mathematik ist der Bestand der von dem Professor der Theologie Martin Borrhus 1564 der Universitätsbibliothek vermachten Bibliothek aufgeführt. Hierauf folgt nach grossem Zwischenraum das Verzeichnis der Manuscripte und zum Schluss die sogenannte bibliotheca antiqua wieder in ordines geteilt (die ich auf ungefähr 263 Bände abgezählt habe).

Was ist nun die bibliotheca nova, was die antiqua? Es liegt ja allerdings nahe anzunehmen, dass letztere den Bestand der bis zur Reformation ungesammelten Bücher, erstere die infolge der Reorganisation der Universität erworbenen Werke enthalte, obschon dann nicht recht zu begreifen ist, warum die beiden Bestände gesondert gehalten blieben. Immerhin ist das wohl P. Merians Auffassung gewesen, der eben darum den Bestand der Bibliothek zur Zeit der Reformation auf etwa 250 Bände schätzt, was mit dem Umfang der bibliotheca antiqua im Katalog von 1559 übereinstimmt. Indessen schon die Angabe: qui ex antiquis bibliothecis huc pervenerunt, spricht dafür, dass unter der bibliotheca antiqua die damals (1559) in den Besitz der Universität gelangten alten Kirchenbibliotheken (des Domstifts und der Prediger) verstanden waren. Das bestätigt sich dadurch, dass sich unter den in der bibliotheca antiqua aufgeführten Büchern viele als aus jenen Kirchenbibliotheken herrührend nachweisen lassen Auch die in gesonderter Rubrik katalogisierten Manuskripte, zumal die griechischen, stammen grösstenteils aus der Predigerbibliothek.

Der Katalog der „neuen" Bibliothek führt, wie bemerkt, hinter jedem Buche den Drucker an. Es ist dabei nicht gesagt, unter welchem Titel, ob kauf- oder geschenkweise, diese Bücher erworben worden seien. Aber was uns schon die Schedae Amerbachianae zeigen, wird durch ein zweites, gleichzeitig mit jenem ersten Katalog angelegtes Bücherverzeichnis bestätigt: es handelt sich nur um Geschenke. Dieser zweite Katalog trägt die Aufschrift: Bibliothecae academiae Basiliensis librorum catalogus iuxta ordinem typographorum *qui sua liberalitate eandem auxerunt* digestus anno 1559. Er ist bis 1629 fortgesetzt von Professor Konrad Pfister, Bibliothekar, und führt bis zu diesem Jahre ungefähr 950 Bände auf. In dem ersten Katalog habe ich mit den Nachträgen, die bis 1583 reichen, ungefähr 800 Bände gezählt. So wird es mehr als wahrscheinlich, dass dieser ganze Bestand der bibliotheca nova, der, wie bemerkt, ausschliesslich von Basler Buchdruckern herrührt, der Bibliothek unentgeltlich zugekommen ist. Für Ankauf waren keine Mittel vorhanden, bloss für das Einbinden der Bücher hatten die Deputaten schon 1549 der Bibliothek einen Jahresbeitrag von 13 ß 10 sh. zugewiesen.

Somit stellen wir für das Jahr 1583 einen Bücherbestand von ungefähr 1400 Bänden fest: nämlich 800 der bibliotheca nova, 190 der Borrhusischen Bibliothek, 150 Manuskripte und 250 Bände der bibliotheca antiqua.

Auf die ordines verteilt ergeben jene 800 Bände: Theologie 180, Jus 100, Medicin 80, Philosophie 90, Geschichte 135, Poesie 80, Sprachen 60, Dialektik 15, Rhetorik 40, Mathematik 30.

Die Manuskripte bestehen aus 25 griechischen und 49 lateinischen in Pergament, 26 lateinischen in Papier, jura in perg. 10, medicina 13, artes 25.

Die bibliotheca antiqua weist auf in der Theologie etwa 157, im Jus 40, in der Medicin 4, in der Philosophie 23, in den artes 12 und in den historiae 7 Bände.

Von den Buchdruckern sind am reichsten vertreten Hieronymus Froben und Nicolaus Episcopius (130 Bände), Henric Petri (136), Joh. Oporinus (138). Dann folgen Sebastian Petri (82), Niclaus Episcopius der Jüngere und Eusebius Episcopius (78), Joh. Herwag Vater und Sohn (63), von da fällt es mit Niclaus Brylinger auf 45. Peter Perna 46 und dann bald bis auf einstellige Zahlen herunter.

* * *

Ueber die Verwaltung dieser nun doch nicht mehr unansehnlichen Büchersammlung kann ich nichts weiter beibringen als das, dass in den Achtzigerjahren der berühmte Christian Wurstisen Bibliothekar war[1]) und einen (noch auf der Bibliothek vorhandenen) sehr sauber ausgeführten, alphabetisch angelegten Katalog der Manuskripte und der Druckwerke anfertigte, der wesentlich übersichtlicher ist und die Auffindung der Bücher, deren Signaturen und also Standorte er angiebt, viel mehr erleichtert als der Katalog von Pantaleon. Aber auch dieser Wurstisensche Katalog, der also ungefähr den Bestand des Pantaleonischen mit den Nachträgen aufnimmt, ist nicht ordentlich nachgeführt worden.

Erst das Jahr 1590 bildet den Ausgangspunkt für eine planmässige Einrichtung der Bibliothek.

[1]) Regenzprotokoll 1585 d 2. maii post electum rectorem novum . . bibliothecae cura Christiano Vrstislo et Beato Haelio demandata

1590 bis 1671.

Im Jahre 1590 erfolgte der wichtige Beschluss der Dreizehn, die Bücher sämtlicher Klosterbibliotheken, die der Universitätsbibliothek noch nicht einverleibt waren, mit ihr zu vereinigen. Dieser Beschluss war nicht nur von hoher Bedeutung wegen des dadurch bewirkten Anwachsens der Büchersammlung auf mehr als die doppelte Zahl der Bände, sondern von grösster Tragweite wegen der dieser Anstalt von jetzt an zugewendeten Aufmerksamkeit und Pflege. In ersterer Hinsicht handelte es sich um drei Bibliotheken, die der Karthause, des Domstifts und des St. Leonhardsstifts, und von diesen drei war die weitaus wertvollste und grösste die erstgenannte. Sie umfasste ungefähr 2100 Bände und brachte der Universitätsbibliothek einen Schatz von Incunabeln zu, der bis auf den heutigen Tag eine ihrer Hauptzierden und ihren Stolz bildet. Der Hauptschmuck dieser prachtvollen Sammlung, die von den zwei letzten Prioren des Klosters, Jakob Lauber und Hieronymus Tscheggabürlin, mit besonderer Liebe gepflegt worden war, stammte von Johannes Heynlin de Lapide her, jenem wissenschaftlich regsamen Gelehrten und Lehrer an unserer und andern Universitäten, der nach einem wechselvollen Leben 1487 ins Karthäuser Kloster getreten war und ihm seine Bücher eingebracht hatte. Ein Bibliophile, der sich selbst an der Ausbreitung der Buchdruckerkunst bethätigt und Offizinen in Paris hatte gründen helfen, hinterliess er dem Kloster die tadellosesten Exemplare der heutzutage zu den grössten Seltenheiten gewordenen Drucke. Ausserdem hatte sich das Kloster der Gunst des Buchdruckers Johannes Amerbach erfreut, der ihm die zahlreichen aus seiner Werkstatt hervorgegangenen Werke verehrt hatte.

Im Juli 1590 wurde diese Büchersammlung der Universitätsbibliothek einverleibt, einen Monat darauf folgte der im Münster zurückgebliebene Rest der Domstiftbibliothek, ungefähr 300 Bände, und im September kamen die juristischen, medizinischen und philosophischen Werke des Leonhardsstifts, ebenfalls etwa 300 Bände; die theologischen behielten die Verwalter des Stifts zurück.

Von der Uebergabe anderer Klosterbibliotheken finde ich nichts erwähnt. Es war wohl auch nicht viel da. Am ehesten könnte noch die Bibliothek der Barfüsser in Betracht fallen, der Arnold zum Luft, Domherr am Münster, 1500 und 1508 Rektor und 1511 Vicekanzler der Universität, im Jahre 1517 seine sehr reiche, aus 120 Bänden meist juristischer Werke bestehende Bibliothek geschenkt hatte, aber mit der Bedingung: „ob hinfür jemands von uns einem geschlecht zum Lufft oder einer verwandten der geschlechten Meyer oder Iselin oder der geschlechten verwandten kommen wurd, der dann so tauglich dass er zu studieren verfänklich wär, und er der bücher zu ler und zu underwisung begerte, so sollen solche dem oder denselben, so dickh und vil sie das begeren, eintweder im kloster zu gebrauchen oder auch mit heim zu tragen vergont und gestattet, jedoch solche entlehnte bücher unversehrt dem kloster widerumb geantwortet werden."[1]) Demgemäss glaubte nach der Reformation der Bürgermeister Adelberg Meyer, diese Bücher zu seinen Handen nehmen zu dürfen, indem er sie als ein quasi-Fideicommiss für seine Familie behandelt wissen wollte, wie er denn Dienstag nach Medardi 1545 seinem Vetter Ulrich Iselin 48 Bände daraus übergab, „dass er sie bei seinen Handen behalte und brauche, doch die nicht verändere von einander, sondern bei einander behalte und bewahre, ob sich über kurz oder lang begebe, dass jemand von meinem Geschlecht der Meyer oder Iselin die Geschicklichkeit überkäme, dass er der Bücher nottürftig wurde, dass er dann den Zugang zu den Büchern auch haben soll als wohl als jetzt Ulrich Iselin hat, doch in allweg dass sie bei einander bleiben, wie dann der Brief vom Guardian zu Barfüssern auch lauter anzeigt, dahin sie dann geordnet waren, und ich sie nach Aenderung der Kirchen zu meinen Handen nahm." Auch Bonifatius Amerbach hatte Bücher aus dieser Sammlung vom Bürgermeister geliehen erhalten[2]) und nie zurückgegeben, denn als 1660 die Gefahr der Veräusserung des Amerbachischen Kabinets nach Holland auftrat, machte die Regenz den Rat darauf aufmerksam, dass sich noch eine Anzahl dieser Bücher darin befinden, die von Bonifatius Amerbach nie zurückgegeben worden, und dass daher der Staat, dem in der Reformation besagte Bibliothek eigentümlich zugefallen, rechtzeitig seine Ansprüche zur Geltung bringen möge, wie auch die Erben des H. Konrad Meyer sel. erbötig seien, alle ihre Rechte auf diese Bücher abzutreten.

Daraus geht hervor, dass dieser wichtige Teil der Barfüsserbibliothek 1590 nicht mehr unter der Klosterverwaltung stand. Was sonst vorhanden war, scheint erst 1735 der öffentlichen Bibliothek zugestellt worden zu sein. Die andern Klosterbibliotheken scheinen ihrer Unbedeutendheit wegen unbeachtet geblieben zu sein. Im Lauf der Zeit kam noch jeweilen einiges zu Tage und wurde auf die Universitätsbibliothek geholt. So berichtete am 13. September 1735 der Rektor der Regenz, im Spital befinden sich eine ziemliche Anzahl alter Bücher; sie wurden von den Spitalpflegern erbeten und abgetreten. Noch im Jahre 1852[3]) verdankte der Präsident des Erziehungskollegiums dem Kirchen- und Schul-

---

[1]) Die Aktenstücke und der vollständige Katalog der Büchersammlung im Staatsarchiv, Erziehungsakten DD 2. Ueber die Schenkung des Konrad Pellicanus und deren nachherige Wiederaufhebung s. R. Wackernagel im Festbuch zur Eröffnung des histor. Museums, S. 207.

[2]) Die oben mitgeteilte Stelle aus den Schedae Amerbachianae wird nun verständlich. Amerbach hoffte, der Bürgermeister werde die Sammlung der Universität abtreten, was aber nicht geschah.

[3]) Schreiben vom 13. Februar 1852 im Staatsarchiv, Erziehungsakten DD 2.

gutskollegium die zu Handen der öffentlichen Bibliothek erfolgte Uebersendung von „drei Foliobänden und vier Quartbänden theologischer Manuskripte, welche wie es scheint die Bibliothek des ehemaligen Nonnenklosters zu St. Maria Magdalena an der Steinen ausgemacht haben."

Dieser Zuwachs der Bibliothek war die Veranlassung zu einer Reihe wichtiger Einrichtungen, ja man kann sagen überhaupt der Anfang einer Organisation der Bibliotheksverwaltung und der Schaffung finanzieller Mittel.

Vorerst bemerken wir, dass das Amt des Bibliothekars, wenn es auch damit äusserlich formell noch in alter Weise gehalten wurde, doch von dieser Zeit an an Consistenz und Bedeutung gewinnt. Anlässlich der Einbringung der Klosterbibliotheken bemerkt ein Eintrag im Rechnungsbuch des juristischen Bibliotheksfonds der Juristenfakultät, die Regenz habe damals (1590) der Bibliothek für dieses Jahr den Johannes Niklaus Stupanus und den Peter Ryf vorgesetzt. Und am 1. September 1592 beschloss die Regenz, da infolge der grossen Büchervermehrung zwei Bibliothekare nicht genügen, so solle versuchsweise noch aus jeder Fakultät einer beigeordnet werden; würde sich aber diese Beiordnung weiterer vier als unpraktisch erweisen, so wolle man wieder zur Zweizahl zurückkehren.

Von einer Bethätigung dieser vier Beigeordneten in der Bibliotheksverwaltung ist bis zum Jahre 1616 nur soviel aktenmässig ersichtlich, dass sie die Jahresrechnungen über die der Bibliothek für das Einbinden der Bücher zugewiesenen 10 Gulden (13½ Pfund) prüften und genehmigten; das noch vorhandene Kassabuch zeigt, dass der Beigeordnete aus der juristischen Fakultät (und zwar der jeweilige Dekan) die Rechnung über diese 10 Gulden führte und sich dabei als bibliothecarius bezeichnete, wie auch die Delegierten der andern Fakultäten so genannt wurden, indem es etwa heisst: has rationes probaverunt novus et antiquus rector praeventibus reliquarum facultatum dominis bibliothecariis.

Ein Regenzbeschluss vom 14 Mai 1616 gab aber, vielleicht unbeabsichtigter Weise, den Anstoss dazu, dass das Verhältnis zwischen dem Bibliothekar und den Fakultätsbeigeordneten sich ganz anders gestaltete. Der Beschluss ging dahin, es solle zu Vermehrung und Erhaltung der Bibliothek der Fiscus legatorum zu den von den Deputaten jährlich bezahlten 13½ ℔ (für das Einbinden der Bücher) jährlich noch 26½ ℔ zuschiessen und diese Summe von 40 ℔ solle zu gleichen Teilen unter die Bibliothekare der vier Fakultäten verteilt werden zu dem Zwecke des Ankaufes von Büchern und deren Einbandes.

Das hatte sofort die wichtige Folge, dass der eigentliche Bibliothekar von der Bücheranschaffung ganz ausgeschlossen war und die vier Fakultäten kauften, was sie für nötig fanden, und es auf die Bibliothek lieferten. Weiter aber hörte nun die bis 1616 geführte Bibliotheksrechnung auf. Das oben erwähnte Rechnungsbuch giebt darüber folgende Auskunft: Die Rechnung über die für Büchereinbände verfügbaren 13½ ℔ wurde 1590 bis 1593 von Bibliothekar Peter Ryf, 1593-1597 vom Professor der Rechte Ludwig Iselin, novo constituto a bibliothecariis tabulario, geführt, und blieb fortan bis 1616 dem juristischen Beigeordneten der Bibliotheksverwaltung anheimgegeben, 1597–1601 dem Prof. Johann Gut, 1601–1604 dem Prof. Joh. Jak. Fäsch, 1604–1606 wieder Ludwig Iselin, 1606–1612 Joh. Jak. Fäsch, 1612–1615 Joh. Gut. In diesen Rechnungen stehen dem einzigen Einnahmeposten der 13½ fl als Ausgaben die Buchbinderrechnungen und die notwendigen kleinen Reparaturkosten und Trinkgelder gegenüber. Die Jahresrechnung von 1615 auf 1616 wird nun von dem juristischen Beigeordneten (bibliothecarius juridicus) Melchior ab Insula in der Weise abgeschlossen, dass er ausser jenen 13½ fl auch noch den neubewilligten Zuschuss von 26½ fl in den Einnahmen aufführt und diese Einnahmen balanciert durch Zahlungen an die drei andern Dekane mit je 10 fl und einem Saldo von 10 fl. quae restant pro bibliotheca juridica. Und damit verschwindet die Rechnungsführung der Bibliothek, weil absorbiert durch die der vier Fakultäten über ihre 10 fl. Von Joh. Bapt. 1616 an führte Melchior ab Insula das bisherige Bibliotheksrechnungsbuch einfach als Rechnungsbuch der juristischen Fakultät weiter, beginnend mit den aus der Liquidation der Bibliotheksrechnung herübergenommenen 10 fl. Jede Fakultät bestritt nun fortan aus den ihr jährlich zugewiesenen 10 fl auch die Einbände, so dass in der That die Bibliothek keinen Pfennig Geld fester Einnahmen zur Verfügung hatte und bloss auf zufällige Geschenke verwiesen war. Darnach möchte doch die Behauptung von Thommen, Gesch. der Univ. Basel, S. 92, es sei 1590 ein fiscus bibliothecae gebildet worden, und es sei darnach P. Merians Angabe in der Festschrift zu berichtigen, irrtümlich sein. Wollte man die 13½ fl, die die Bibliothek bis 1616 direkt erhielt, als fiscus bibliothecae bezeichnen, so hätte er schon seit 1549, nicht erst seit 1590 existiert, und jedenfalls wäre er 1616 wieder aufgehoben worden.

Diese Trennung von Verfügung über die Geldmittel und Bibliotheksverwaltung hat in der Folge die Wirkung gehabt, dass die Beigeordneten der vier Fakultäten der Mitwirkung bei der letztern mehr und mehr entfremdet worden sind, und in der folgenden Periode, wie wir sehen werden, eine andere Ordnung für die Bibliotheksverwaltung sich Bahn gebrochen hat. Aber beabsichtigt war das im Jahre 1616 nicht gewesen. Das zeigt ein Regenzbeschluss vom 24. April 1622, der dem Bibliothekar noch ausdrücklich die vier Dekane als Hilfe zur Seite stellt. Der Beschluss lautet:

1. Es soll jährlich ein Bibliothekar gewählt werden (ut quotannis bibliothecarius eligatur).
2. Ausser dem Bibliothekar soll nur der Rektor die Schlüssel haben.
3. Die bisher zur Honorierung der Bibliothekare jährlich verwendeten 4 Gulden sollen durch einen Zuschuss von 5 fl und 15 sh. aus dem fiscus legatorum vermehrt die Besoldung des Bibliothekars bilden.
4. Die vier Dekane sollen namens ihrer Fakultäten die Aufsicht üben und die Rechnung über die von ihnen gekauften Bücher zugleich mit der Rechnung über den Fakultätsfiskus ablegen.

5. Jeweilen nach Ablegung der Jahresrechnung des Rektors soll eine Visitation der Bibliothek stattfinden und nachgesehen werden, ob alle Bücher an ihrem richtigen Orte stehen. Die Angaben über die Bibliothekare in der ersten Hälfte des 17. Jahrhunderts sind noch etwas mangelhaft. Zu den Jahren 1623 und 1624 wird der Professor der Rhetorik, Konrad Pfister, als Bibliothekar genannt, der sich durch Anfertigung eines neuen alphabetischen Katalogs verdient gemacht hat. Zum Jahre 1639 bemerkt das Regenzprotokoll. Johann Buxtorf Sohn, der bisher das Amt eines Bibliothekars verwaltet (wohl seit Pfisters Tode 1636), sei trotz seiner Wahl zum Rektor im Amte bestätigt worden, da er ja die Hilfe der vier Dekane habe. Am 27. November 1651 wurde ihm als zweiter Bibliothekar Johann Rudolf Wettstein der Theologe beigegeben.

Ueber die Bücheranschaffungen in jener Zeit sind vielleicht die folgenden Beispiele nicht ohne Interesse.

In den Katalog der Buchdruckergeschenke von 1559 hat sich eine Rechnung der philosophischen Fakultät (facultas artium) über die ersten sechs Jahre (1616-1621) verirrt. Die Einnahmen bestehen aus den jährlichen 10 Pfund und einem ausserordentlichen Zuschuss von 4½ ℔ laut Regenzbeschluss, summa 64 ℔ 10 β.

Ausgaben.

1617. 24. Mai pro Ephemeridibus D. Origani nebst Einband   15 ℔
1618. 28. April von der Frankfurter Messe¹) mitgebracht:

Catalogus catalogorum universalis	.	4 ℔	10 β		
Bodinus de republica	. . .	1	12	6 ♃	
Eiusdem Methodus historiarum	. . . .		5		
Nicodemi Frischlini Grammatica latina	.		10		
Eiusdem Rhetorica	. . . .		3	4	
Eiusdem Comœdiae et Tragœdiae			12		
Dem Buchbinder	. . . . .	1	13	4	9 ℔ 6 β 2 ♃

Von der Frankfurter Herbstmesse:

Rodolphi Goclenii Lexicon philosophicum	.	3 ℔			
Eiusdem Conciliator	. . . .	2	10 β		
Martini Delrio Disquisitiones magicae	. .	3			
Dem Buchbinder	. . . . .	1	16	8 ♃	
Uebertrag	10 ℔ 6 β 8 ♃	24 ℔ 8 β 2 ♃			

¹) Ueber die Frankfurter Buchhändlermessen vgl. Kapp, Gesch. des deutschen Buchhandels, I. S. 448 ff. über die Messkataloge S. 479 f. Die fremden Buchhändler brachten die Kommissionen von ihren einheimischen Gelehrten mit, öffentliche Bibliotheken sandten wohl geradezu ihre Bibliothekare, auch um den Rabatt zu bekommen, den der einkaufende Buchhändler für sich erhielt. Für Basel vgl. Geering, Handel und Industrie der Stadt Basel, im Register unter Frankfurt, Messen. Unsere Bibliothek scheint auf die Messkataloge hin ihre Bestellungen aufgegeben zu haben. Vgl. Rechnungsbuch der Juristenfakultät, 1625/6: an M. Pfister bezalt für den frankfurtischen buecher catalogum 6 β 4 ♃.

— 14 —

		Uebertrag	10 ℔	6 ẞ	8 ₰	24 ℔	6 ẞ	2 ₰
1620.	4. März.	Einband von Aristotelis Organon . . .		12	6			
	23.	ein Schlüssel zur Thür der Bibliothek .		2				
		Von der Frankfurter Messe gebracht:						
		Rod. Goclenii Physica completa ⎫						
		Analecta linguae latinae ⎪						
		Problemata grammatica ⎬ .	2	15		13	16	2
		Problemata rhetorica ⎪						
		Partitiones dialecticae ⎭						
1620.	17. Juni.	Einbände		11	8			
		Von der Messe mitgebracht:						
		Joh. Wolfii Memorabilium vol. duo in fol.	8	15				
		Jac. Aug. Thuani historiarum partes 3 .	6					
		Dem Buchbinder	3	5		18	11	8
1621.		Aus der Herbstmesse:						
		Henr. Alstedii Encyclopaedia, 2 Bde. 4° .	7	10				
		Dem Buchbinder	1	13	4			
1622.		Dem Buchbinder für Einband des Goclenius		8	4	9	11	8
						66 ℔	5 ẞ	8 ₰
				Einnahmen		64	10	
				Passivsaldo		1 ℔	15 ẞ	8 ₰

Aus dem Rechnungsbuch der juristischen Fakultät mag mitgeteilt werden, was von 1615 bis 1634 an juristischen Büchern angeschafft wurde.

1615/16.	17. März. Brissonii Opera varia		3 ℔		
	4. April. Sichardus in Codicem		2	5 ẞ	
1616/17.	Einband von Giphanii Comment. in Codicem			11	8 ₰
1617/19	Brissonii formulae juris		2	10	
	Corpus iuris civilis in 8°		3	10	
	Antonii Fabri Codex Sabaudiae		6	15	
1619/20.	nichts.				
1620/21.	Boerii decisiones in fol. ⎫				
	Guidonis Papae decisiones in fol. ⎪				
	Maranta de processu judiciario ⎬		27	10	
	Eiusdem consilia et singularia ⎪				
	De Graffiis casus conscientiae ⎪				
	Schurffii consilia ⎭				
1621/22.	Franc. Hottomanni Opera omnia 3 vol. in fol.		16	5	
1622/23.	nichts.				

1623/24.	Joan. Zangeri tractatus duo de exceptionibus de quaestionibus et torturis		2 ℔	1 β	8 ₰
	Ernesti Cothmanni Consilia in VI tomis		13		
1624/25.	nichts.				
1625/26.	Pro libris Minicatibus quibusdam		15	10	
1626/28.	nichts.				
1628/29.	Consilia Argentinensia		4	7	6
1629/30.	Vol. octo Cardinalis Tusci im Buchladen zur Tauben		22	13	4
1630/33.	nichts.				
1633/34.	Baldi de Ubaldis Opera VI vol.		7	10	
	Thomas Sanchez 3 tomi de matrimoniis in fol. Kallenperg		4		
	Lexicon juridicum Johannis Calvini in fol Schweinenleder		3	13	
	Guil. Redoani Opera de rebus ecclesiae non alienandis, de spoliis ecclesiae et de simonia in fol.		2	14	
	Corpus canonicum recentissimum in 4° in roth Leder		4	5	
	Jo. Ronchagalli Ferrariensis tractatus de duobus reis constituendis Jo. Leschlini apologia adversus Dionysium Gothofredum	}	1	1	
	Christoph. Schwammanni Processus judicii cameralis			16	
	Everharli Bronchorst centuriae 4 conciliationum et centuriae miscellanearum controversiarum		1	2	
	Nicolai de Passeribus tractatus de privata scriptura			12	6
	Hieronymus Magnolus de Regulis juris			10	

Die sämtlichen Werke von Thomas Sanchez an sind an Herrn Christoph Nessmanns Gant geknuft worden.

Die Kosten für Einbände sind hier nicht aufgeführt. Sie waren nicht unbedeutend, z. B. die anno 1629 angekauften acht Bände des Cardinalis Tusci kosteten 10 ℔ einzubinden. Im übrigen bemerken wir, dass man das bei kleinen Mitteln gewiss richtige Prinzip befolgte, mehrere Jahre zu sparen, um dann grössere Werke anschaffen oder eine günstige Gelegenheit (z. B. eine Gant) ausnutzen zu können.

Unter den neuen Einrichtungen, die durch den Zuwachs des Jahres 1590 hervorgerufen worden, ist endlich — und nicht als das Nebensächlichste — die durch das Bibliotheksreglement vom 20. März 1591 eingeführte Ordnung über das Ausleihen der Bücher zu nennen. Dieses Reglement, von Basilius Amerbach entworfen (wenigstens ist ein Concept von seiner Hand auf der Bibliothek vorhanden), unterscheidet sich von dem des Jahres 1477 vorteilhaft durch zwei Bestimmungen: 1. Der Bibliothekar darf die Bibliotheksschlüssel niemanden ausser dem Rektor und den Dekanen anvertrauen. 2 Das Ausleihen der Bücher dagegen (in der Ordnung von 1477 verboten) wird in gewissen Schranken zugelassen: die Professoren, die Pfarrer, die Ratsmitglieder und die Buchdrucker können Bücher jeweilen auf eine Dauer von drei Monaten nach Hause entlehnen; auf dem Empfangschein ist der

Preis des Buches zu notieren, für den der Entlehner im Fall des Verlustes haftet. Ausgenommen vom Ausleihen sind Manuskripte und Seltenheiten. Fremde, die sich in Basel aufhalten, erhalten Bücher leihweise gegen Kaution eines Professors, auswärts Wohnende auch nicht einmal gegen Kaution ausser mit Bewilligung der Regenz.

Ein revidiertes Reglement vom 10. September 1622 beruht im wesentlichen auf den gleichen Grundsätzen.

Beide Reglemente werden im Anhange abgedruckt.

Am 1. Juni 1649 starb Johann Jakob Hagenbach, Doktor der Medizin, aber Professor der Logik und seit 1642 der Ethik. Testamentarisch hatte er einen Stipendienfonds von 2000 fl. gestiftet und der Universität seine reichhaltige Bibliothek (336 Bände) medizinischer und naturwissenschaftlicher Bücher nebst Herbarium vermacht. Dieses Vermächtnis brachte die Raumnot und die Erwerbung eines neuen Bibliothekslokals auf die Tagesordnung. Es konnte der neue Bücherschatz gar nicht in dem Bibliotheksgebäude untergebracht werden, er fand vorläufig im obern Kollegium Unterkunft. Sodann aber war der 1559 hergestellte Bau vielfach defekt. Er stand dicht am Rhein auf der Rheinmauer, und die Regenz hatte sich über die darin herrschende Feuchtigkeit infolge der Rheinnebel und des geringen Luftzutritts, über Gefahr des Einsturzes wegen geringer Widerstandsfähigkeit der Mauer gegen die Tücken des Rheins (contra aquarum Rheni insidias ac injurias) zu beklagen. Gerade im Sommer 1649 stieg einmal der Rhein zu einer ungewöhnlichen Höhe, wodurch die Mauer Risse bekam, die eine fachmännische Untersuchung als gefahrdrohend erklärte. Die Regenz beschloss daher am 8. August 1649, den Rat um ein anderes Lokal zu bitten und hauptsächlich das Haus zur Mücke in Vorschlag zu bringen, dessen der Rat ohne Unbequemlichkeit entbehren könne. Sie ordnete Professor Theodor Zwinger und Syndicus J. J. Fäsch zur Verhandlung mit den Häuptern der Stadt ab. Deren Schritte liessen die Hoffnung aufkommen, dass man die Mücke erhalten werde, denn drei von den vier Häuptern schienen sich dazu zu neigen und einzig der vierte (ein Oberstzunftmeister) widerstrebte. Aber, schreibt das Regenzprotokoll, des letztern Meinung triumphierte schliesslich und unsere Bitten wurden diesmal noch vereitelt. Gott lenke die Herzen der h. Regierung, dass wir das jetzt Verweigerte zu günstigerer Zeit endlich erreichen! Am 25. November 1651 wurde eine neue Bittschrift einzureichen beschlossen und durch die Abgeordneten Bibliothekar Johann Buxtorf und Prorektor Kaspar Bauhin um 29. der Regierung überreicht. Es wird darin auf das Beispiel anderer Schweizerstädte hingewiesen, die besser für ihre Bibliotheken sorgten, obschon wir doch wegen sonderlichen alten raren Stucken und Büchern einen grossen Vorsprung haben.

Der Rat bewilligte die St. Ulrichs-Kirche und beauftragte die Deputaten, mit Delegierten der Regenz und dem Lohnherrn Falkeisen eine Besichtigung vorzunehmen und dem Rate einen Ueberschlag der Einrichtungskosten vorzulegen. Die Sache scheint aber liegen geblieben zu sein und die Regenz den Mut verloren zu haben, denn am 28. Juni 1659, da sich bei der jährlichen Visitation gezeigt hatte, dass das Herbarium von Prof. Hagenbach Schaden leide, wies die Regenz dessen Besorgung der medizinischen Fakultät zu, bis über der Verlegung der Bibliothek ein günstigerer Stern walte.

Die Entscheidung brachte die Erwerbung des Amerbachischen Kabinets 1661. Diese Sammlung, herrührend von dem Freunde und Testamentserben des Erasmus, dem Rechtsgelehrten Bonifatius Amerbach, war ausgezeichnet durch eine grosse Zahl holbeinischer Gemälde und Zeichnungen, Kunstsachen aus dem Nachlasse des Erasmus und eine beträchtliche Bibliothek. Des Bonifatius Sohn Basilius hatte die Sammlung in allen Teilen, namentlich aber durch Bücheranschaffungen und eine ansehnliche Münzsammlung vermehrt.[1]) Nach seinem Tode erbte sie sein Schwestersohn Ludwig Iselin, Professor der Rechte. Dessen Erben suchten sie zu verkaufen und 1661 wurde ihnen von Amsterdam aus die Summe von 9500 Thalern dafür geboten.

Dieses in aller Welt berühmte Kabinet, das sich immer noch in dem höchst bescheidenen, allen Gefahren des Feuers ausgesetzten Amerbachischen Hause an der Rheingasse in Kleinbasel befand, der Stadt Basel zu erhalten, war das mit Erfolg gekrönte Bestreben der Regierung und der Universität.

Ueber die Erwerbung des Kabinets ist schon anderwärts vielfaches Aktenmaterial publiziert worden. Hier mag aus dem originellen Bericht des Regenzprotokolls das Wesentliche mitgeteilt werden.

In der Regenz vom 26. August 1661 trug Prof. Wettstein vor, der Ratschreiber habe ihn im Auftrage des Rats ersucht, bei ihr anzufragen, was die Universität an den Ankauf des Kabinets leisten könne. Der Rat werde es seinerseits auch nicht an einem Beitrage fehlen lassen. Wettstein wurde beauftragt, sofort dem Ratschreiber die Geneigtheit der Regenz auszusprechen, und am 30. August in eigens hiefür anberaumter Sitzung Antistes Gernler mit dem Rektor Joh. Kaspar Bauhin delegiert, damit sie dem regierenden Bürgermeister Wettstein den Dank der Regenz für seine Fürsorge bezeigen und erklären, dass die Regenz an den Kaufpreis einen Beitrag, so gross er ihr irgend möglich sein werde, leisten wolle. Auf Wunsch des Bürgermeisters sprachen diese zwei Herren am Abend des-

---

[1]) Die Bibliothek enthielt etwa 9000 Bände, und zwar 2010 theologische, 2429 juristische, 496 medizinische, 289 philosophische und 1552 historische, laut Mitteilung des Prof Wettstein an Finsterlein (Strubers Taschenbuch für 1851, S 275) Der von Konrad Pfister angefertigte Katalog der Amerbachischen Bibliothek (wovon später noch zu reden ist) stimmt damit im wesentlichen überein.

selben 30. August bei ihm vor, wurden sehr freundlich von ihm empfangen und erhielten den Bescheid, die Sache liege ihm sehr am Herzen und er werde sie folgenden Tags im Rate vorbringen. Uebrigens, schloss er, scheine ihm, dass wenn die Universität keinen erheblichen Beitrag zu leisten im stande sein sollte, der Rat den ganzen Preis zahlen und das Kabinet der Universität gegen Recognition seines Eigentums übergeben solle.

In der Regenzsitzung vom 8. Januar 1662 zeigte Antistes Gernler aus Auftrag des Bürgermeisters Wettstein an, der Rat habe das Kabinet für 9000 Thaler gekauft, die in drei gleichen Jahresterminen zu zahlen seien; der Bürgermeister wünsche zu wissen, wieviel die Universität daran beitragen könne: er habe an ein Drittel gedacht, wolle aber nichts mit zu grosser Belastung des Universitätsfonds verlangen. Er habe auch seine Gewogenheit erklärt und bedeutet, es sei das eine Gelegenheit, um zu einer für die Bibliothek so lang ersehnten Erledigung der Lokalfrage zu gelangen; der Rat werde es gut aufnehmen, wenn ihm die Regenz hiefür einen Vorschlag mache. Die Regenz beschloss eine Danksagung an den Rat nebst Angebot von 1000 Thalern an den ersten Termin; zu den zwei folgenden werde sie beitragen, was ihre beschränkten Mittel gestatten. Diese 1000 Thaler seien dem fiscus legatorum zu entnehmen, mit Vorbehalt späterer Beratung darüber, wie sie ihm wieder refundiert werden sollen. Die Wahl eines passenden Bibliothekslokals wolle man dem Rat überlassen. Wegen Krankheit des Bürgermeisters verzögerte sich die Mitteilung dieser Antwort bis zum 7 Februar; da liess er kurz vor Mittag den Rektor und den Antistes rufen, die sich ihres Auftrags entledigten. Der Bürgermeister antwortete ihnen: zu danken sei nicht nötig; auch komme es nicht darauf an, ob die Universität den dritten oder den vierten Teil des Kaufpreises zahle. Nach Verhältnis ihres Beitrages würde sie auch an dem Erlöse partizipieren, der aus allfällig verkauften Gegenständen, wie z. B. Holbeinischen Zeichnungen, aus deren Verkauf man viel zu lösen hoffe, und aus Geschenken resultiere. Was von Besuchern oder Benutzern des Kabinets eingehen werde, könne er nicht ermessen. Mit der Einzahlung der 1000 Thaler pressiere es nicht. Ein neues Lokal wolle er mit den Deputaten ausfindig machen, doch sollten die Regentialen nur auch daran treiben. Der Bürgermeister schien zur Mücke hinzuneigen.

Am 5. März wurde diese Antwort der Regenz berichtet, die darauf beschloss, die 1000 Thaler dem fiscus legatorum zu entnehmen, dem sie der fiscus academiae schulde. Prof. Wettstein wurde ersucht, bei seinem Vater die rasche Erledigung der Lokalfrage zu betreiben.

Am 10. März, morgens 10 Uhr, fand durch den Bürgermeister, einige Ratsmitglieder und die von der Regenz abgeordneten Professoren Gernler, Buxtorf, Remigius Fäsch und Rektor Joh. Kaspar Bauhin die Besichtigung einiger in Frage kommender Gebäude statt, nämlich der Mücke, des Speichers in der alten Augustinerkirche und des Domherrenhauses beim Münsterplatz.

Am 4. April wurde die Supplik an den Rat erlassen,[1]) worin die Regenz, ohne ein bestimmtes Gebäude zu bezeichnen, nur um eine Resolution darüber bat, welches Ortes sie hinfüro zu Vollführung dieses angefangenen löblichen Werkes habhaft sein solle.

Am 9. April, als der Bürgermeister aus dem Rat nach Hause ging, gab er dem Pedell den Bescheid, es seye erkannt, dass man seinen Herren die Mucken solle einräumen, und werden nächstens etliche Herren deputiert werden, neben den Herren Häuptern den Ort zu besichtigen, wie man aufs füglichst möge bauen, dass sie eine Ehr davon haben. Alsdann werde seinen Herren auch davon gesagt werden.

Am 11. April bestimmte auf Einladung des Bürgermeisters die Regenz für diese Besichtigung den Rektor und die Prof. Gernler, Buxtorf und Rem. Fäsch. Die zwei letztern sollten auch durch persönlichen Besuch bei den Häuptern den Dank der Regenz aussprechen. Von ihrem Besuch bei Bürgermeister Wettstein brachten sie gleich aus der Amerbachischen Sammlung zwei Barren ungarischen Goldes, eine silberne Eidechse und ein Stück eines Einhorns mit, die ihnen der Bürgermeister behufs künftiger Wiedereinstellung in die Sammlung übergeben hatte.

Der grossen Arbeit, die dem Bibliothekar bei Errichtung des Inventars des Amerbachischen Kabinets, dessen Vereinigung mit der Bibliothek und deren Umzug in die Mücke bevorstand, fühlte sich der schon bejahrte Bibliothekar Johannes Buxtorf nicht mehr gewachsen und er ersuchte die Regenz am 10. März und nach Ablehnung des Gesuchs nochmals am 2. Mai, das Amt auf stärkere Schultern zu legen. Jetzt willfahrte die Regenz und gab dem Bibliothekar Wettstein als zweiten Bibliothekar statt Buxtorfs den Professor der griechischen Sprache Johann Zwinger bei, ersuchte aber Buxtorf, der Inventur und der Uebersiedelung der Bibliothek seinen guten Rat nicht zu versagen. Er starb indes den 17. August 1664, bevor es zu dieser Arbeit gekommen war. Die Verifikation der Amerbachischen Sammlung auf Grund der vorhandenen Verzeichnisse fand erst am 14., 15., 17., 18., 19 und 21. Oktober 1664 statt und auch vorerst nur mit Ausschluss der Büchersammlung. Der Bericht darüber wurde von der Regenz am 25. Oktober 1664 genehmigt; die Bücher sollten möglichst bald auch aufgenommen werden; das Originalinventar sei in das Regenzarchiv zu legen, eine Kopie den Bibliothekaren zu übergeben.

Der Bezug der Mücke konnte vollends erst im Jahre 1671 stattfinden. Und erst jetzt wurden durch Regenzbeschluss vom 14. Juni die Hagenbachische und die Amerbachische Büchersammlung der allgemeinen Bibliothek einverleibt. Nachdem die Aufstellung vollendet war, wurden die Häupter und die Scholarchen zur Besichtigung eingeladen, die im September stattfand und sehr befriedigte.

---

[1]) Abschriftlich im Staatsarchiv Erziehungsakten DD2.

Die Hauptarbeit bei der Einordnung der Hagenbachischen und der Amerbachischen Bibliothek in die allgemeine, sowie bei dem Umzug und der Aufstellung in der Mücke war dem Bibliothekar Zwinger zugefallen. Er bat sich von der Regenz dafür als Honorar die Werke des Erasmus in dem Drucke von Froben aus, die doppelt vorhanden waren, und bot weiter an, wenn man seine Leistungen geringer werte als dieses Buch, so wolle er noch zwei Gesamtkataloge der Bibliothek [1]) ausfertigen und ausserdem auf sein Salar. das er als Bibliothekar beziehe, für fünf Jahre verzichten. „Von diesem Anerbieten", sagt P. Merian, „machte die Regenz keinen Gebrauch." Man höre aber das Regenzprotokoll vom 3. Oktober 1671: In Bewilligung des Zwingerschen Begehrens beschloss die Regenz, es seien die Werke des Erasmus an Zwinger abzugeben unter den Bedingungen, 1. dass von den zwei Exemplaren das besser erhaltene der Bibliothek verbleibe, 2. dass die 60 fl, (fünfund die seit 1622 bestehende Jahresbesoldung des Bibliothekars)[2]) der Fakultät zufallen sollen, der die Werke des Erasmus zugeteilt werden; 3. dass er zwei Kataloge schreibe. Also war bedauerlicherweise die Regenz nicht so generös als P. Merian ihr zutraute.

Die Bedingung unter 2 findet ihr näheres Verständnis durch folgende mit der Uebersiedelung und der Vereinigung der mehreren Bibliotheken verbundene Begebenheit, die eine grosse Erregung im Publikum gegen die Professoren scheint hervorgerufen zu haben.

Es hatte sich bei der Vereinigung der Bibliotheken eine ziemlich grosse Zahl von Doubletten ergeben, und die Regenz hatte beschlossen, sie zu verkaufen. Hiezu hatten die Häupter und Scholarchen bei jener Besichtigung im September ihre Zustimmung gegeben. Am 3. Oktober 1671 beschloss nun die Regenz, die Doubletten nach ihrem Inhalt den betreffenden Fakultäten zuzuweisen, und die einzelnen Fakultäten sollten diese in ihr Fach einschlagenden Doubletten schätzen, jedes Buch mit dem geschätzten Preise im Katalog bezeichnen und sie dann zu Gunsten des Fakultätsfiskus unter den Professoren vergauten, jedoch so, dass nicht unter dem Schatzungswerte losgeschlagen werde. Dies geschah am 29. Oktober und 13. November und die Professoren ersteigerten die Bücher unter sich durch Mehrgebot.

Nun wurde aber in der Stadt gemunkelt, die Professoren hätten die Bücher weit unter ihrem Werte unter sich verteilt, und auch der Rat wurde damit behelligt. Die Regenz ordnete daher am 16. Dezember den Rektor und den Prorektor ab, mit dem Auftrage, den Häuptern auseinander zu setzen, wie redlich es bei dieser Auktion zugegangen sei; denn die Bücher seien so hoch bezahlt worden, wie sie bei öffentlichem Verkaufe kaum gegolten hätten, wie aus dem Gantrodel zu ersehen sei; der Erlös sei in den Bibliotheks-

---

[1]) Dum catalogos omnia et singula bibliothecae continentes; gemeint ist wohl: ein Katalog der Handschriften und ein Katalog der Drucke. Diese zwei sind jetzt noch vorhanden. Nicht aber: zwei Exemplare eines und desselben Gesamtkataloges.

[2]) Dass darnach Zwinger die ganze Besoldung von 12 fl bezog, stimmt nicht mit einem Regenzbeschluss von 1664 (unten S. 24), wonach die Besoldung zwischen den zwei Bibliothekaren geteilt worden war.

fonds der Fakultäten gelangt und die Dekane hätten darüber Rechnung abzulegen. Genüge diese Versicherung nicht, so seien die Käufer bereit, die Bücher zurückzugeben. Der Bürgermeister Burckhardt, dem die Abgeordneten dies vortrugen, antwortete ihnen, die Regenz hätte allerdings besser gethan und den Verdacht ungetreuer Verwaltung vermieden, wenn sie die Bücher auf öffentliche Gant gebracht hätte, übrigens hege er keinen Zweifel daran, dass sie in guten Treuen gehandelt hätten, und es sei deshalb nicht nötig, dass die Käufer etwas restituieren; die noch nicht verkauften Doubletten sollten aber immerhin auf einer vom Pedell anzusagenden öffentlichen Versteigerung verkauft werden. Der andere Bürgermeister und die zwei Oberstzunftmeister antworteten einfach, die Auktion könne ratifiziert werden, da an der guten Treue und Integrität der Regenz nicht zu zweifeln sei. Böswillige Leute hätten unter Verschweigung wichtiger Umstände der Sache einen schlechten Schein gegeben. Am 23. Dezember teilte dann der regierende Bürgermeister den Abgeordneten, die wegen einer andern Sache mit ihm Rücksprache zu nehmen gekommen waren, namens aller vier Häupter mit, sie genehmigen nicht nur die Auktion, sondern überlassen auch die rückständigen Doubletten wie alles die Universität Betreffende der Gewissenhaftigkeit der Regenz (fidei senatorum academiae eeu virorum bonorum). Immerhin wurde aus Anlass dieser Gant am 27. Dezember 1671 von den Räten erkannt, dass den Herrn Deputaten von MGH, wegen die Inspektion über die Bibliothek auch befohlen sein solle.

Der von Zwinger hergestellte Katalog konnte sich auf einen schon von Bibliothekar Conrad Pfister 1622 1624 aufgenommenen stützen. Conrad Pfister verdient es, dass wir seiner Leistungen für die Bibliothek mit besonderer Anerkennung gedenken. Der von ihm angefertigte Katalog ist in vier Bände geteilt, von denen je einer der Theologie, der Jurisprudenz, der Medizin und der Philosophie und Geschichte gewidmet ist. Der medizinische Band ist doppelt ausgefertigt, das eine Exemplar enthält Nachträge von Pfisters Hand. Denn geschrieben sind diese Kataloge nicht von Pfister selbst, der juristische hat am Schlusse die Notiz: per me Marquartum Müllerum Mülhusinum descript. anno 1625. Aber in jedem Bande giebt sich Pfister als den Verfasser an, etwa: a me Conrado Pfistero profess. et librario post eius diligentem per biennium lustrationem locupletatus oder post eius laboriosam per biennium lustrationem auctior factus. Möglicherweise war das Original durch Aufkleben der auf Zeddel geschriebenen Büchertitel in alphabetischer Reihenfolge hergestellt worden, wie der sofort zu erwähnende Katalog der Amerbachischen Bibliothek, und hievon hatte dann Müller die Kopie genommen. In dieser hat Pfister die späteren Erwerbungen nachgetragen.

Neben diesem Katalog besitzt nämlich die Bibliothek noch fünf Bände eines ebenfalls von Conrad Pfister angelegten Katalogs über die Amerbachische Sammlung, den er offenbar im Auftrage des damaligen Eigentümers Basilius Iselin verfasst hat; die Fünfzahl ergiebt sich durch die Trennung von Philosophie und Geschichte, die jede einen besondern Band haben. Jeder dieser Bände hat eine Dedication von Basilius Iselin Amerbachiades an eine von Amerbach stammende Familie. Darauf folgt die Ueberschrift: Theologicae (oder juridicae u. s. f.) Facultatis bibliotheeae Amerbachiae-Iselianae manu descriptae et stanneis impressae typis index locupletissimus (oder ähnlich) laboriosa M. Conradi Pfisteri Basileensis professoris Rhetorices ordinarii et bibliothecarii academici opera ab annis MDCXXVIII et XXIX usque ad annum MDCXXX manu propria conscriptus et in seriem alphabeti digestus. Die alphabetische Ordnung war eben dadurch hergestellt worden, dass Pfister die einzelnen Büchertitel auf Papierstreifen geschrieben, diese Streifen dann alphabetisch geordnet und in dieser Reihenfolge in den Band eingeklebt hatte. Im juristischen Katalog sind, um das nebenbei zu bemerken, unter dem Stichwort Erasmus auch dessen Testament und die darauf bezüglichen Akten aufgeführt mit der Bemerkung: haec omnia simul reposita sunt in einer grossen schindelladen im oberen sälin stehend uf dem langen glitrnisten tröglin.

Der Katalog von Pfister hat jedenfalls Zwinger seine Arbeit wesentlich erleichtert, aber trotzdem gebührt Zwinger das Verdienst, eine Leistung hervorragender Art vollbracht zu haben. Sein Katalog verzeichnet in fünf Bänden die Manuskripte und in zwölf Bänden die Druckwerke. Die Einteilung ist die des Pfisterschen Katalogs der Amerbach-Bibliothek in Theologie, Jurisprudenz, Medizin, Philosophie und Geschichte; jedes dieser Fächer hat im Handschriftenkatalog einen Band, im Katalog der Druckwerke haben die Theologie, die Jurisprudenz und die Philosophie je drei Bände, die Medizin einen und die Geschichte zwei. Dass der Katalog alphabetisch angeordnet worden, verstand sich nach den Vorbildern, die zu Grunde lagen, von selbst. Die Arbeit scheint im Jahre 1678 vollendet worden zu sein, wenigstens findet sich im Regenzprotokoll aus diesem Jahre die lakonische und sonderbare Notiz: 18. Oct. 1678 in Regentia actum: Catalogis quatuor facultatum a bibliothecario D. D. Zwingero conscriptis acquiescendum nec quicquam ulterius eorum nomine exigendum, simulque eidem gratias pro insumpto labore agendum esse.

1671 bis 1818.

Es kann für diese Periode die rein chronologische Erzählung verlassen werden. Die Zeit von 1671 bis 1818 (dem Jahre der Reorganisation der Universität) verläuft für die Bibliothek so gleichmässig, dass wir in Zusammenfassung des Gleichartigen aus diesem Zeitraum den Stoff nach den drei Rubriken Verwaltung, Finanzen und Geschenke sondern.

Verwaltung.

Wir haben gesehen, dass der Regenzbeschluss vom 24. April 1622 bloss *einen* Bibliothekar vorsah und die vier Dekane, die sich bisher auch als Bibliothekare geriert hatten, in die Rolle einer Aufsichtskommission wies. Der Bibliothekar wurde von der Regenz jährlich gleichzeitig mit dem Rektor in der am ersten Montag des Maimonats stattfindenden Regenzsitzung gewählt und hiebei jeweilen der bisherige wieder bestätigt. Die im Jahr 1651 durch die Wahl von Joh. Rud. Wettstein zum zweiten Bibliothekar getroffene Neuerung wurde fortan zu konstanter Uebung, auch durch das Bibliotheksreglement von 1681 förmlich sanktioniert, und 1712 wurden den beiden Bibliothekaren, „da sie oft nicht zu Hause waren, wenn die Bibliothek gezeigt werden sollte", noch zwei Adjuncti aus den Regentialen beigegeben. Neben diesen vier Bibliothekaren verschwindet die Bethätigung der vier Dekane als Beirates vollständig.

Im Anhang wird die Liste der Bibliothekare nach den Regenzprotokollen mitgeteilt.

Der schon früher erwähnte Bericht über die Bibliothek von 1800 sagt: „von den ordinarii sind einer ex theologico und einer ex philosophico ordine, und extraordinarii (adjuncti) sind auch zwey Professores, einer ex ordine juridico und einer ex ordine medico." Mit dieser Bemerkung stimmt die im Anhang aufgestellte Reihe der Bibliothekare bloss in den drei Rubriken der ordinarii und des zweiten adjunctus überein, der erste ordinarius ist immer Theolog, der zweite Philosoph, der zweite Adjunkt Mediziner. Dagegen die Stelle des ersten Adjunkten ist erst seit 1754 (Joh. Rud. Thurneysen) im Besitze der Juristen.

In den ersten Jahrzehnten seit der Errichtung einer zweiten Bibliothekarstelle standen diese beiden Bibliothekare soweit ich sehe an Rechten und Pflichten einander gleich, wenigstens teilten sie sich zu gleichen Teilen in die ohnedies schon mehr als bescheidene Besoldung von 12 fl, wie das schon 1664, als Zwinger dem Bibliothekar Wettstein beigeordnet wurde, festgesetzt worden war (ut dimidium salarii quod accipit ordinarius bibliothecarius ei [Zuingero] solvatur). Im Laufe des 18. Jahrhunderts bildete sich aber die Uebung aus, dass der Bibliothekar aus der philosophischen Fakultät die laufenden Geschäfte ausschliesslich besorgte [1]) und namentlich den Fremden, die der Holbeinischen Gemälde wegen die Sammlung sehen wollten, zu Gebote stehen musste. Aus diesem Grunde wurde, als das Reisen und damit diese Besuche zunahmen, der Wunsch rege, der zweite Bibliothekar möchte eine Wohnung in der Nähe der Mücke haben, und der Rat bewilligte hiefür im Jahre 1770 den Schönauer Hof hinter dem Münster, der denn auch bis zum Bezug des Museums Amtswohnung des Bibliothekars geblieben ist. Die Besoldung von 12 fl aber blieb geteilt.[2])

Die bibliothecarii adjuncti (und seit dem 18. Jahrhundert mehr und mehr auch der theologische bibliothecarius ordinarius) waren dem ordinarius ex facultate philosophica zur Beihilfe und zur Beratung beigeordnet und verdrängten die vier Fakultäten ganz aus dieser Stellung, zumal seit ein besonderer fiscus bibliothecae bestand, aus dessen Ertrag die Bibliothekare direkt Bücher anschaffen konnten. Ganz von selbst gestaltete sich die Stellung der Bibliothekare in dieser Hinsicht so, dass die drei andern dem philosophischen als Kommission für die Bücheranschaffungen zur Seite standen. Dieses thatsächlich gebildete Verhältnis wurde im Jahre 1822 durch förmlichen Beschluss der Behörden sanktioniert. Infolge der Reorganisation der Universität (durch das Universitätsgesetz vom 17. Juni 1818) beschäftigte sich nämlich die Regenz neuerdings wie schon früher einlässlich mit der Frage, wie die Bibliothek zu gemeinnützigerem Gebrauche und öfterer Benutzung einzurichten sei, und ernannte zur Vorberatung eine Kommission, die am 15. Juni 1821 Vorschläge vorlegte. Unter diesen befand sich auch der folgende: betreffend Anschaffung der Bücher sei die bisherige Uebung näher dahin zu bestimmen, dass die gemachten Vorschläge sämtlicher Bibliothekarien der vier Fakultäten mit Zuziehung eines Mitglieds der philosophischen Fakultät sollten in Beratschlagung genommen werden. Nachdem die Regenz dies angenommen und die Curatel es bestätigt hatte, ernannte die erstere am 7. Juni 1822 als Mitglied der

---

[1]) Mit Ausnahme der Rechnungsführung, die seit dem Bestehen eines fiscus bibliothecae communis wovon später dem theologischen Bibliothekar oblag. Ein Bericht der Regenz an die Deputaten vom 31. August 1790 sagt: Der bibliothecarius ex ordine theologico führt die Rechnungen und besorgt nach Massgabe der vorhandenen Mitteln gemeinsamlich mit dem zweiten die Anschaffung neuer und nützlicher Werke, dieser aber hat neben andern Obliegenheiten vorzüglich solche, die Seltenheiten auserer öffentlichen Bibliothek denen Liebhabern und besonders denen Fremden vorzuweisen, zumal demselben deshalben eine obrigkeitliche Wohnung angewiesen ist.

[2]) Der Bericht von 1800 sagt: Jeder der ordinariorum die extraordinarii haben keine emolumenta) hat jährlich teils von den vier Decanis, teils ex fisco bibliothecae communi ein Honorarium von 4 Neuthaler zu beziehen. Der Philosophus aber, welcher die meiste Bemühung auf sich hat, hat überdies seit dem Jahre 1773 eine der Stadt zugehörende und von derselben zu unterhaltende Bewohnung frey zu geniessen.

philosophischen Fakultät, das den Beratungen zur Anschaffung der Bücher beigeordnet werden solle, Professor Peter Merian.

Damit war, was sich im Lauf der Zeit als Uebung festgesetzt hatte, amtlich anerkannt: Der Bibliothekar ex ordine philosophico, zur Zeit Daniel Huber, war wieder einziger Bibliothekar geworden, und die andern drei, nunmehr vier, zur Bibliothekskommission für Bücheranschaffungen gemacht. Fortan heissen sie auch offiziell Bibliothekskommission: am 25. November 1824 beantragt die *Bibliothekskommission* Anstellung eines Gehilfen des Bibliothekars, am 15. Dezember 1825 wird das Gutachten der *Bibliothekskommission* über Verteilung der Fonds genehmigt, am 31. Mai 1827 legt Bibliothekar Huber schriftlichen Bericht der *Bibliothekskommission* über die Einrichtung des Katalogs vor, u. s. w. Es ist nur noch eine Reminiscenz aus alter Zeit, wenn es etwa 2. April 1829 heisst: durch den Tod des Prof. J. R. Schnell ist die Stelle eines *bibliothecarii facultatis juridicae* vakant geworden und wird beschlossen, dass das nun einzige Mitglied der Fakultät, Prof. Snell, hiemit als Mitglied der Bibliothekskommission eintrete; wie auch in der Amtsordnung des Bibliothekars vom 1. April 1830 der § 3 noch an die alte Zeit erinnert, indem er sagt: Bei unvorhergesehenen Hindernissen tritt zunächst nach alter Uebung als zweiter Bibliothekar das aus der theologischen Fakultät gewählte Mitglied der Bibliothekskommission in die Funktionen des Bibliothekars ein, und wenn auch der zweite Bibliothekar verhindert ist, der Reihe nach die übrigen Glieder der genannten Kommission.

Die Verwaltung der Bibliothek wurde durch ein Reglement vom 14. Oktober 1681, das immerhin in den meisten Bestimmungen das von 1622 aufnimmt, neu geregelt. Es war in Plakatformat gedruckt in der Bibliothek angeschlagen, ausserdem aber erzählt der Bericht an das helvetische Ministerium, es sei auch noch von alten Gesätzen eins angeheftet gewesen, das also lautete:

    Qui sibi concedi vult librum et bene credi,
    Lex ita nostra sonat alium mox ipse reponat.
    Qui valeat tantum vel plus etiam aliquantum.
    Spe sua frustratur aliter quicunque precatur.

Und ferner:

    Noli hospes numerare volumina bibliothecae,
    Sed reputa quanti pleraque sint pretii.

An der Hand des Reglements betrachten wir die einzelnen Vorschriften. Die Schlüssel der Bibliothek sollten nur die zwei Bibliothekare und der Rektor der Universität haben. Besonders verdienten Professoren hat aber die Regenz claves supernumerariae bewilligt. Das war eine grosse Gunst, mit der die Regenz keineswegs freigebig war, und man sah seit Mitte des 18. Jahrhunderts möglichst darauf, dass sich die Zahl der Schlüsselinhaber nicht zu sehr vermehre, und erteilte daher ein Schlüsselrecht erst, wenn ein altes durch Verzicht oder Tod des bisherigen Inhabers ledig geworden war. So erhielt 1759 Prof. Iselin die Schlüssel des verstorbenen Joh. Ludwig Frey, und bei diesem Anlasse erinnerte einer der Herren, dass es gut wäre, wenn alle und jede Herren, welche die Schlüssel zur Bibliothek haben, ein gewisses Gelübde deswegen ablegten. Dies wurde beschlossen und am 25. Februar 1760 den Schlüsselherren das Gelübde abgenommen.[1]) Es waren damals die zwei ordinarii, die zwei adjuncti und die Herren Prof. Burckhardt, Iselin und Falkner.

Der Besitz der Schlüssel war allerdings von sehr grossem Werte, weil die Bibliothek nur während zwei Stunden wöchentlich, nämlich am Donnerstag nachmittags von 1—3, später von 2—4 Uhr geöffnet war. Dies galt aber laut Bericht an das helvetische Ministerium nicht für die Wochen der Hundstagsferien und den Winter. Erst i. J. 1802, als anlässlich der Wahl eines neuen Bibliothekars die alte Ordnung wieder verlesen und unverändert gutgeheissen wurde, erhob sich die Frage, ob dies auch für die Ferien und im Winter gelte, und der Entscheid lautete: Ja, die Bibliothek sei alle Donnerstage ohne Rücksicht auf die Ferien und ebenso im Winter zu gemeinem Nutzen und Vergnügen Studierender und anderer Personen zu eröffnen, doch so, dass der Bibliothekar weder für Holz und Feuerung noch für Abwart zu sorgen habe.

Auf diese zwei Stunden drängte sich also die regelmässige Benutzung der Bibliothek und das Ausleihen der Bücher zusammen, und es wurden deshalb zwei Alumnen zur Aushilfe in der Bedienung des Publikums beigezogen, die custodes hiessen und laut Regenzbeschluss vom 3. Mai 1718 das stipendium Firlegerianum als Salar erhielten, und laut Beschluss vom 13. Dezember 1736 aus dem fiscus legatorum 10 fl. Nach dem Bericht von 1800 bestand ihr Salar aus 17 fl. 15 ß 6 ₰ aus dem fiscus legatorum nebst etwan fallenden Trinkgeldern. Bibliothekar Huber erhielt im Jahre 1807 auf sein Gesuch die Ermächtigung der Anstellung eines dritten Custos, der mit 15 fl. aus dem fiscus legatorum zu remunerieren sei, an den Trinkgeldern aber keinen Anteil habe.

In Bezug auf das Ausleihen von Büchern hat das Reglement von 1681 die Vorschriften der Ordnung von 1622 fast wörtlich wiederholt. Zum Bezug von Büchern berechtigt waren, wie der Bericht von 1800 sagt, alle hiesigen Bürger, sie seien Gelehrte von Profession oder sonst Kenner und Liebhaber der Wissenschaften. Man musste bei Entlehnen eines Buches seinen Namen in das Ausleihebuch eintragen, den Empfang bescheinigen und für den Fall des Verlustes oder der Beschädigung Ersatz versprechen. Ueber drei Monate sollte keiner (ausser den Professoren) ein entlehntes Buch bei sich behalten. Studenten und nicht hier wohnhafte Fremde erhielten Bücher nur auf genügende Bürgschaft; solche, die zum Erwerb eines akademischen Grades herkamen, auf Empfehlung des Dekans ihrer

---

[1]) Es war hiefür eine neue Ordnung redigiert worden, auf die das Gelübde abgelegt wurde. Sie reglementiert die Pflichten der Schlüsselinhaber und der Custoden sehr einlässlich und ist im Arch. acad Tom. III p. 501 ff. zu finden.

Fakultät. Manuscripte und seltene Drucke sollten an hier Wohnhafte nur mit Bewilligung des Rektors und der Dekane, an Auswärtige nur auf Regenzbeschluss und gegen angemessene Kaution ausgeliehen werden. Bezüglich des Hantierens an den Bücherschäften gab ein Anschlag in der Bibliothek die zweckmässige Vorschrift: libros de seamnis aufferre iisdemque inferre peregrinis et civibus omnibus, nisi aliquo dignitatis gradu sint ornati, licitum haud esto, quin utrumque per custodes bibliothecae ut fiat, legibus cautum est.

Von diesen Vorschriften war die der Beschränkung der Leihe auf drei Monate schwer durchzuführen; die Regenz hat sich öfter mit dieser Frage beschäftigt, schliesslich aber doch immer wieder diesen Termin festgehalten. So 19. Juni 1754, 20. Juni 1781. Ja am 14. Juni 1758 wurden sogar auch die Professoren diesem Termin unterworfen.

Unter Voraussetzung genügender Kaution wurde das Ausleihen an Auswärtige liberal gehandhabt. Gewöhnlich wendete sich ein Auswärtiger, der ein Buch haben wollte, an einen ihm bekannten Professor, der dann die Bürgschaft für ihn übernehmen zu wollen erklärte, worauf die Leihe ohne Anstand erfolgte. Dergestalt sind namentlich auch Manuskripte in grosser Zahl immer nach auswärts ausgeliehen worden. Charakteristisch für die Zeit ist es, dass dabei jeweilen in Betracht gezogen wurde, ob aus der Mitteilung eines Manuskripts nicht seines Inhalts wegen der Universität oder dem Gemeinwesen Ungelegenheiten entstehen könnten oder ob es nicht seines gefährlichen Einflusses wegen besser ungelesen bleibe. In letzterer Beziehung ein amusantes Beispiel: ein unbekannter fremder Italiäner wünschte gegen Hinterlegung von 30 Louisd'or oder auch mehr nur für kurze Zeit die Clavicula Salomonis zu entlehnen. Die Regenz erkannte am 6. Juli 1731: „Soll durch den Pedellen, als ein ärgerliches Buch, durch welches viele Leute verführet werden könnten, ihme abgeschlagen werden." Dadurch war aber der Professor Eglinger auf dieses Manuskript neugierig geworden und wünschte es in sein Haus zu bekommen, und die Regenz erlaubte es ihm am 11. Juli, „jedoch niemand sonst zu communicieren", und als der Italiäner neuerdings das Gesuch stellte, das Buch wenigstens auf der Bibliothek einen Nachmittag durchgehen zu dürfen, wurde es ihm bewilligt, „jedoch solle auf ihn wohl Acht gegeben werden"

Auffallend ist, dass die Stempelung der Bücher erst auf Antrag des Bibliothekars Huber im Jahre 1817 eingeführt wurde, und zwar erst, nachdem ein schon im Jahre 1806 von Huber gestelltes Begehren um Anfertigung eines Stempels noch abgelehnt worden war.

Ein grosser Uebelstand war der Mangel eines Arbeitsraumes in der Bibliothek wenigstens zur Winterszeit. Der Bericht von 1800 äussert sich über die Gründe in naiver Weise: Tische und eine Art von Pult, Dinten und Federn stehen jedem zu Diensten. Allein mit geheizten Zimmern können wir nicht dienen, wir haben zwar ein Zimmer, in welchem sich ein eiserner Ofen befindet, zu Holz oder Steinkohlen aber haben wir keinen Fond. Nur dann und wann wärmen würde nur die Feuchtigkeit aus den Wänden ziehen und der Gesundheit schädlich sein. Den ganzen Winter hindurch täglich zu wärmen erforderte nicht nur einen grossen Aufwand die Brennmaterialien anzuschaffen, welchen zu machen wir nicht im Stande sind, sondern auch ein besonderes und angemessenes Salarium für den Bibliothekarium, welcher sich, wenn je ein solcher zu finden wäre, mit Hindansetzung seiner übrigen Obliegenheiten diesem Geschäfte widmen wollte.

Dass die Bibliothek nur am Donnerstag Nachmittag geöffnet war, mochte zur Not für die Bücherausleihe genügen, brachte aber für die Bibliothekare die grosse Belästigung mit sich, dass sie jederzeit den durchreisenden Fremden, die der Holbeinischen Gemälde wegen die Anstalt sehen wollten, zur Verfügung stehen mussten.[1] Gar oft haben dennoch Fremde unverrichteter Dinge abziehen müssen und 1797 beklagte sich der Pedell Niklaus Linder, dass er einen Abgang an seinen Accidentien erleide, weil die Bibliothek öfter den solches begehrenden Fremden nicht gewiesen werde, er also weniger Trinkgeld erhalte. Und doch war schon 1790 auf Anfrage der Regierung dieser mitgeteilt worden, dass auch die bibliothecarii adjuncti in Notfällen den Fremden allen Vorschub leisten wollen, wie sich denn auch die jeweiligen Rectores dieser Mühe gern unterziehen und überdies Anstalt getroffen sei, dass zur Erleichterung des H. Bibliothecarii ordinarii ausser genannten Herren auch noch ein Regentialis extraordinarius die Eröffnung der Bibliothek besorge.

Jährlich im Juni auf den Amtsantritt des neuen Rektors fand die Inspektion der Bibliothek durch die Regenz statt. Nachdem im oberen Kollegium die traditio sceptri an den neuen Rektor stattgefunden hatte, zogen die Regentialen „in feierlichem Zuge" nach der Mücke, um sich zu überzeugen, dass von den ausgeliehenen Büchern, die alle auf diesen Tag zurückgeliefert werden mussten, keines rückständig sei, und nachdem sie alles in bester Ordnung gefunden, den Bibliothekaren den Dank der Regenz für ihre Verwaltung auszusprechen

Die Regenz war von Alters her gewohnt, die Verwaltung der Bibliothek als eine durchaus interne, nur ihr zustehende Angelegenheit der Universität zu betrachten. Sie war etwas betroffen, als im Jahre 1750 die Kommission, die für Abfassung einer Ordnung für die H. Deputaten niedergesetzt war, in ihren Entwurf einen Artikel aufnahm, der den Deputaten eine Aufsicht über die Bibliothek zuerkannte. In der Regenzsitzung vom 29 Juli 1750 wurde darüber verhandelt und gefunden, dass dies bedenklich sei und gar leicht so weit gehen könne, dass die H. Politici die Schlüssel auch haben wollten, welches man niemal zugeben könnte; dessentwegen wäre zu überlegen, was hiebei zu thun sei, ob man wolle stille sitzen und erwarten, ob U. Gn. H u. Obern diesen Artikul schlechterdingen bestätigen

[1] In einem Büchlein, betitelt: La vie privée d'un prince célèbre ou détails des loisirs du prince Henri de Prusse dans sa retraite de Reinsberg Veropolis 1789, wird pag 68 erzählt, wie dieser Prinz, der berühmte Bruder Friedrichs des Grossen, auf seiner Reise in die Schweiz einen Tag für die Sehenswürdigkeiten Basels zur Verfügung hatte, mais après avoir été retenu trop long-temps dans différents cabinets précieux et dans plusieurs attellers célèbres, tels principalement que ceux de MM. de Mechel et Fäsch, ce ne fut que la nuit qu'il pût voir la bibliothèque de la ville, il était une heure du matin quand il en sortit La ville de Bâle est glorieuse de lui avoir vu parcourir aux flambeaux une partie des raretés qu'elle renferme

werden, oder ob man sollte trachten, dem etwan zu befürchtenden Streich vorzukommen. Hiebei führte der Rektor an, dass zwar den 27. Dezember 1671 bei gewissem Anlass in einer Ratserkanntnis den H. Deputaten wirklich die Inspektion über die Bibliothek sei gegeben worden.¹) Allein 1. habe man keine Spuren gefunden, dass dieselben jemals eine solche Inspektion ausgeübt haben; 2. habe löbl. Universität nach wie vor die Bibliothek allein besorget; 3 endlich sei eine Grossratserkanntnis vom 19. Juni 1724 vorhanden, darin ausdrücklich und ohne einigem Vorbehalt der Universität die Besorgung und Aeufnung der Bibliothek, wie sie es bisher gehabt, noch ferner überlassen wird.²) Die Regenz beschloss darauf, es sollen allenfalls niemand von den politicis die Schlüssel herausgegeben werden. Der Rektor und der Bibliothekar Brucker sollen sich baldigst zu den H. Häuptern verfügen und ihnen zu Handen V. Gn. H. u. Obern alle nötige Vorstellung thun und einen schriftlichen Bericht zustellen, was es mit der Bibliothek für eine Bewandtnis habe. Dies geschah am 31. Juli. Die beiden regierenden Herren erklärten sich sehr wohl und günstig und nahmen das Memorial zu Handen des Rats in Empfang, dasselbe wurde auch im Rate verlesen, aber die am 2. November 1750 vom Rat genehmigte neue Ordnung der Deputaten enthielt doch den Satz: Solle ihnen (den Deputaten) ferners die Inspektion und Aeufnung der allhiesigen Bibliothek nach Anleitung der Erkanntnussen vom 27. Christmonat 1671 und 19. Juni 1724 anbefohlen sein. Die Regenz trat nun den Rückzug an und befand am 17. November 1750 für gut. U. H. G. H. Deputaten darüber zu befragen, wie dieselben solche Worte verstehen und was sie vermeinen, dass kraft derselben ihnen in Ansehung der öffentlichen Bibliothek zu thun sei. Die Deputaten gaben darauf in der Regenzsitzung vom 27. November 1750, zu der sie eingeladen worden waren, die Erklärung ab, dass weil gemelter Artikul zwei Rathserkanntnisse zusammensetze, welche einander entgegen seien, sie nicht glauben, dass ihnen in Ansehung der Bibliothek etwas neues aufgelegt sei, und sie seien auch nicht gesinnet, E. E. Regenz darin den geringsten Eintrag zu thun.

Immerhin berichtete am 21. Februar 1752 der Rektor der Regenz, Ratssubstitut Wettstein habe ihm namens der Deputaten den Wunsch ausgesprochen, man möge bei der Visitation der Bibliothek die H. Deputaten auch zuziehen. Er habe geantwortet, die Visitation geschehe nur einmal und zwar solenniter, auch nicht so bald, doch werde er nicht ermangeln, es bei erstem Anlass den H. Deputaten anzuzeigen, wo sie Lust haben die

¹) Dies ist der auf S. 21 oben erwähnte Beschluss und der „gewisse Anlass" war die Vergantung der Doubletten unter den Professoren gewesen.
²) Anlässlich der 1724 durch den Tod des Prof. med. Th Zwinger nötig werdenden Wiederbesetzung der Professur und der Stelle eines Stadtarztes waren im Rate der Rückgang der Universität und Mittel dagegen zur Sprache gekommen, u. a. ob nicht jeder neugewählte Professor 100 fl zu Aeufnung der Bibliothek bezahlen solle. Die Regenz protestierte dagegen und hat nichts vorzunehmen, das den Vorrechten der Universität zuwiderlaufe. Darauf bezieht sich der Grossratsbeschluss vom 19. Juni 1724: Wollen M. G. H. u. Obern einer l. Universität die Verwaltung ihrer decorum, desgleichen die Besorgung und Aeufnung der Bibliothek, wie sie es bishero gehabt, auch ferners überlassen.

Bibliothek zu besehen, und werde amplissima Regentin solches umb desto ehender vor eine Ehre halten, als ohnedem ampl. Reg. ihnen der Bibliothek halber etwas vorzutragen habe. Die Regenz beschloss darauf: Seye dem Rector überlassen, sobald er es gut finde, Viris gravissimis (Deputaten) sagen zu lassen, dass wann sie belieben wolten die Bibliothecam zu sehen, sie nur eine Stund bestimmen möchten, da man sich eine Ehre machen werde, selbige ihnen zu weisen. Allda solle alsdann der Rector und wo möglich die Bibliothecarii oder in deren Abwesenheit die H. Adjuncti sich etwan in der Zahl höchstens vier in allem einfinden und nichts vorgehen lassen, so den Rechten l. Universität auf die Bibliothecam nachteilig sein möchte, und wann Viri Gravissimi mit einander en Corps kommen, könnte einer von den anwesenden Viris exc. (excepto Rectore) dieselbigen beim Eingang des Thores empfangen und sowohl hinauf als sodann auch einer oder zwei wieder binunter bis zum Ausgang aus Höflichkeit begleiten.

Im Regenzprotokoll ist von diesem Besuch nicht weiter die Rede, wohl aber unterm 15. September 1760: Der Rector ersucht die Bibliothekare, den 16. oder 17. September die Bibliothek zu eröffnen, damit die H. Deputaten sie besehen können.

Nach längerer Ruhe berichtet das Regenzprotokoll wieder (4. März 1797), anlässlich der vorhin erwähnten Beschwerde des Pedells Linder, die an das Deputatenamt gerichtet worden war (weswegen die Regenz dem Pedell sein „ordnungswidriges und unverständiges Betragen" verwies), hätten die Deputaten gemeldet, es werde ihnen nie ein Bericht über den Zustand der Bibliothek erteilt, obschon sie doch die Aeufnung derselben in ihrem Eid haben und ihnen also eine Oberaufsicht darüber von M. Gn. Herren anbefohlen sei; sie begehren daher jährlich einmal Inspektion und Bericht darüber zu nehmen. Die Regenz beschloss am 12. April: die H. Deputaten sollen auf die Bibliothek invitiert werden, wo sie alle mögliche Auskunft über Zustand und Zunahme derselben erhalten sollen mit Zusicherung, dass man ihnen auch künftig, wenn sie es verlangen, behörigen Bericht erstatten und Einsicht verschaffen wolle. Weil die H. Deputaten die Aeufnung der Bibliothek in ihrem Eid haben, so solle ihnen jährlich bei Einsammlung der milden Beiträge auch der Albus präsentiert werden. Dieser Besuch fand am 24. Mai statt, und als sich die H. Deputaten Sarasin und Fäsch, Stadtschreiber Fäsch und ihr Sekretär Registrator Merian einige Stunden verweilet und den Bericht entgegengenommen hatten, „schienen sie ganz befriediget abzuscheiden."

Viel mehr als diese harmlose Kontrolle der Deputaten bedrohte die Selbstherrlichkeit der Regenz über die Bibliothek die im Jahr 1768 auftauchende Absicht des Rats, einen besoldeten „politischen Bibliothecarius perpetuus" zu setzen. Ich finde darüber einen Regenzbeschluss vom 26. Oktober 1768: Als wegen dem Gegenstand eines vor Gr. Rath eingezogenen Gutachtens, einen Bibliothecarius perpetuus, der nicht Professor wäre, zu bestellen nnd etwa mit den 100 neuen Thalern, so H. Prof. Spreng genossen, zu besolden, ungefragt worden, wird erkannt: Soll ein von W.W. Gr. Rathe verlangtes Bedenken von Ampl Regentin abgewartet werden, indessen aber H. Dr. J. R. Iselin und H. Dr. J. H. Falkner die regierenden H. Häubter mündlich ansuchen, in dieser Sache nichts ohne die Gedanken Ampl. Regentiae vernommen zu haben, zu verfügen. In der That war am 19. Sept. 1768 im Grossen Rat der „Anzug" gestellt worden, ob nicht der Ehre des Standes und dem Nutzen des Publici und der Studien angemessen wäre, wann ein eigener von dem Professorat abgesänderter Bibliothecarius gemachet und deme die 300 fl. welche Herr Prof. Spreng sel. bezogen, zu einem Einkommen bestimmt würden. Es wurde aber im Grossen Rat vom 19. Dezember 1768 der Beschluss gefasst: Wollen M. G. H. u. Obere von diesem Anzug vollkommen abstrahieren und es diesorts beim alten bewenden lassen.

Leider mangelt es an näheren Nachrichten über diese Angelegenheit; bedenkt man die damalige unabhängige Stellung und das damalige Selbstverwaltungsrecht der Universität, so trägt der Anzug einen beinahe revolutionären Charakter, während gerade ein Jahrhundert später dieser Gedanke in der zur Staatsanstalt gewordenen Universität ohne grosses Aufsehen verwirklicht wurde. Man möchte gern den Namen des Anzügers und die Motive des Anzugs kennen, es würden sich daraus vielleicht wichtige Ergebnisse für damals keimende Reorganisationsgedanken herstellen lassen. Wie anders müsste die Sache erscheinen, wenn es sich nur um den müssigen Einfall eines Kleinbürgers handeln sollte, dem der wissenschaftliche Charakter der Anstalt quer gelegen und der sie mehr auf das Niveau einer Bürgerbibliothek für Unterhaltungslitteratur herabzusetzen gewünscht hätte, oder wenn das Projekt aus den Reformideen eines Isaak Iselin erwachsen wäre, ein Glied in der Kette der Mittel für Reorganisation unseres gemeinen Wesens! So wie unsre Kenntnisse liegen, müssen wir uns bescheiden, alle solche Fragen zurückzudrängen.

Finanzen.

Am Eingang dieses Zeitabschnitts steht die Errichtung eines unter der Verwaltung der Bibliothekare stehenden fiscus bibliothecae communis. Ein genaues Datum dafür kann ich nicht angeben, die erste Jahresrechnung datiert vom Juni 1664 und der erste Eintrag in dieser ist eine Promotionsgebühr vom 4. November 1662. Ohne Zweifel beruht die Einführung auf einem Regenzbeschlusse, den ich nicht finden konnte. Die Rechnungen sind von 1664 an vollständig im Universitätsarchiv erhalten. Sie sind von dem bibliothecarius ordinarius ex ordine theologico, der die Kassaführung besorgte, aufgestellt und wurden jährlich dem conventus decanorum abgelegt. Aus ihnen ergiebt sich folgendes:

Der fiscus bibliothecae communis wurde nicht mit einem Grundkapital fundiert, sondern auf die Promotionsgebühren und die von durchreisenden fremden Besuchern fallenden Gelder angewiesen. Das war immerhin ein nicht ganz unbedeutender Betrag, ein Besucher zahlte mindestens ½ Thaler, vornehme Leute mehr, die Rechnungen sind darüber recht instruktiv, die erste Jahresrechnung verzeichnet an Einnahmen aus Promotionsgebühren in allen vier Fakultäten zusammen 47 ₰, und aus Fremdengeldern 27 ₰ 12 ß 6 ₰, zusammen 74 ₰ 12 ß 6 ₰, die zweite von letztern sogar 40 ₰ 10 ß die dritte 46 ₰ 2 ß 6 ₰ u. s. w. Die Absicht war, diese Eingänge zunächst sich häufen zu lassen, daher wurde im ersten Jahre nichts ausgegeben, im zweiten nur 13 ₰ 14 ß 2 ₰ für Reparaturen, Papier, Trinkgelder und (wenn ich Einträge wie: in conventu DD. Decanorum personis 9 : ß 18, die rationum personis 11 : 1 ₰ 2 ß u. s. f. recht verstehe) Taggelder. Von Bücheranschaffungen aus diesem fiscus war vorerst keine Rede, das blieb nach wie vor den vier Fakultäten aus den ihnen zukommenden 40 ₰ überlassen, doch wurde diesen ad angendam et conservandam bibliothecam hie und da ein Beitrag gegeben, so 1668 jeder Fakultät 20 ₰, 1669 jeder 10 ₰ Auch figurieren unter den Ausgaben die 6 ₰ Salar des zweiten Bibliothekars.

Im Jahre 1679 betrug der fiscus 315 ₰, er sank dann wieder im Laufe der Jahre und 1689 klagte der Bibliothekar (bei einem Bestande von 256 ₰ 14 ß), sein fiscus nehme beständig ab, worauf die Dekane die 6 ₰ Honorar von demselben auf die fisci bibliothecae der vier Fakultäten übernahmen Einen Grund der Abnahme hatte der Bibliothekar darin gesehen, dass die Beitreibung der Promotionsgebühren von den Graduierten in jure und medicina auf Schwierigkeiten stiess, einen andern darin, dass die Eintrittsgelder der Fremden in Abgang gekommen seien. Die Regenz beauftragte die juristische und die medicinische Fakultät, ihre Kandidaten zur Erfüllung ihrer Pflichten streng anzuhalten, und den Pedell, überall in den Wirtshäusern anzusagen, dass die Bibliothek nicht unentgeltlich gezeigt werde.

In der Folge kamen dem fiscus einige Legate zu, die zu Anlagen verwendet wurden, so 1691 von Bürgermeister Brandmüller 1000 ₰, sodass er auf 1693 ein Vermögen von 1326 ₰ 9 ß 1 ₰ aufwies. Seit 1698 wurde die Uebung eingeführt, bei den Professoren, Pfarrern, Doktoren, Gymnasiarch und der Universität günstigen Bürgern um Neujahr eine Liste für Neujahrsgeschenke (strenae) an die Bibliothek vorzuweisen, welche eine schöne Summe (50 bis 80 ₰) ergab und der Bibliothek sehr zu Statten kam. Daher finden sich jetzt auch unter den Ausgaben jeweilen Bücherankäufe aufgeführt. Der 1704 auf 1850 ₰ angewachsene Fonds machte es möglich, im folgenden Jahre 1705, allerdings mit Beihilfe des Rats und mehrerer Gönner, die prachtvolle Bibliothek orientalischer und rabbinischer Handschriften und Bücher, die der verstorbene Professor der hebräischen Sprache Joh. Jak. Buxtorf hinterlassen hatte, das Resultat eines durch drei Generationen fortgesetzten Sammelfleisses, zu erwerben. Da der fiscus legatorum und Pfarrer Jakob Frey zu St. Leonhard zu diesem Zwecke Darlehen gaben, letzterer 200 Thaler auf 6 Jahre zinslos, so brauchte der Fonds nicht einmal angegriffen zu werden. Am 24. Juli 1708 beschloss die Regenz daher, das Salar des zweiten Bibliothekars von 6 auf 12 ₰ zu erhöhen und die Erhöhung von 6 ₰ auf den fiscus bibliothecae communis mit 3 ₰, den fiscus bibl. philos. und den fiscus prytanei mit je 1½ ₰ zu verteilen, sowie am 11 Februar 1717, dem Pfarrer Frey sein Darlehen von

200 Thalern samt Zinsen vom Tag des Empfangs an zurückzuzahlen, wodurch der damals bestehende Fond von 2000 fl. auf 1400 fl. zurückging.

Das Jahr 1720 brachte die Högger'sche Katastrophe, die dem fiscus bibliothecae so unheilvoll wurde. Es wird später zu erzählen sein, wie es kam, dass die sog. Högger'sche Schenkung mit schwerem Geld eingelöst werden musste. Der fiscus bibliothecae erhielt vom fiscus legatorum hiefür 2500 fl. vorgestreckt, die er allmählig abzahlen sollte. Das hat er auch bis zum Jahre 1734 gethan, und immerhin in dieser Zeit noch für Bücheranschaffungen das Möglichste geleistet, wozu ein stark betriebener Verkauf von Doubletten die Mittel schuf. Dem fiscus die Schuldenlast zu erleichtern, empfahl die Regenz am 3. Juli 1721 den zu einem akademischen oder geistlichen Amt Gewählten, die bisher nach alter Uebung der Bibliothek ein Buch zum Geschenk gemacht hatten, sie möchten lieber ihre Gebühr in Geld entrichten.

Unter Bibliothekar Beck (1753 ff.) nehmen die Ausgaben für Bücherkäufe sehr bedeutend zu, es ist z. B. im Vergleich mit früher sehr bemerkenswert, dass die Rechnung von 1761 für Bücheranschaffungen 420 fl. Ausgaben aufweist, worunter allerdings das eine Hauptstück, Muratoris Scriptores, mit 300 fl. aus dem Ritter'schen Legat bestritten wurde. Je mehr man dieser an sich lobenswerten Tendenz nachgab, auf desto kleinlichere Mittel verfiel man oft, um dem Fiskus neue Einnahmen zu verschaffen. Schon 1745 (16. Juni) gab die Regenz die Weisung, wer Bücher aus der Bibliothek entlehnt, solle etwas nach Belieben in den fiscus bibliothecae communis bezahlen. 1760 bei der Visitation der Bibliothek wurde abermals in Bedacht genommen, ob nicht die Fremden, so Bücher von der Bibliothek gebrauchen, zu einer beliebigen Steuer höflich sollten eingeladen werden. 16. Juni 1751 wurde den Decanis recommandiert, darauf zu vigilieren, dass jedes Universitätsglied, so zu einem academischen Amte gelangt, das geordnete Präsent von einem Buch im Werth von wenigstens einem Dukaten auf die Bibliothek liefere. 15. Juni 1763 wurde „wegen dem gar geringen Eingang der strenarum"[1]) verfügt, dass künftighin jedesmal um das neue Jahr die H. Bibliothecarii dem Pedell ein Verzeichnis geben sollen von allen in akademischen Ehren, Aemtern und Diensten stehenden Personen, auch andern graduierten und übrigen, welche entweder Bücher ab der öffentlichen Bibliothek zu entlehnen pflegen, nur allein die studiosos ausgenommen, oder aber sonst dieselbe besuchen und geneigt sein möchten, einen solchen freiwilligen Beitrag zur Vermehrung der Bibliothek zu thun. Zu diesen allen soll der Pedell innert der ersten 14 Tage des neuen Jahres gehen, das Büchlein überreichen und ihren Beitrag einzuschreiben ersuchen, nach Verfliessung dieser 14 Tage das eingenommene Geld samt dem Büchlein und dem Verzeichnis dem Herrn Bibliothecario, so den Fiscus verwaltet, einliefern,

---

¹) Sie hatten in diesem Jahre 41 fl 4 ß ergeben. Schon bei der Visitation von 1761 war die Saumseligkeit ministri geahndet worden, dass er nicht den behörigen Fleiss anwende, um zu der Zeit des neuen Jahres für die Bibliothek ex liberalitate civium et fautorum einzusammeln.

dieser soll das Verzeichnis durchgehen und den Pedell fragen, ob er bei jedem gewesen und warum einer oder ander nichts geben. Worauf der Pedell noch einmal hingeschickt werden soll, und wann er nichts weiteres auszurichten verhoffet, die ganze Sach vor der ersten Regenz vorgetragen werden.

Dass mit dergleichen Dingen nicht viel gebessert wurde, liegt auf der Hand, und da Bibliothekar Beck immerfort mehr auf Vermehrung der Bücher als auf Sparen bedacht war, so kam es dazu, dass er der Regenz am 24. Februar 1775 anzeigte, der fiscus bibliothecae sei erschöpft und müsse Geld aufnehmen. Die Regenz bewilligte als zinsloses Darlehen aus dem fiscus legatorum und dem fiscus gymnasii je 30 Neuthaler, und gab den Bibliothekaren zu überlegen, ob nicht ad augendam bibliothecam E. E. Bürgerschaft auf anständige Art einzuladen sei. Dies wurde aber fallen gelassen, indem die Bibliothekare ihr Gutachten dahin abgaben, dass es nicht wohl thunlich sei, E. E. Publikum ad contribuendum zu invitieren.

In neue Not kam der fiscus bibliothecae durch den gegen die Erben Fäsch wegen des Fäschischen Cabinets verlorenen Prozess (wovon später). Die Kosten betrugen ungefähr 300 fl. und sollten aus dem fiscus legatorum und dem fiscus bibliothecae je zur Hälfte bezahlt werden. Da aber letzterer dazu nicht im Stande war, so musste sie ihm der fiscus legatorum vorschiessen.

Ganz aufgebraucht war übrigens der Fond des Bibliotheksfiskus nicht, er hatte noch ein Kapital von 1250 fl., das auf einen gewissen Schlichter zu 3°/₀ angelegt war, dessen Zinsen aber etwas unregelmässig eingingen. Am 13. September 1779 übernahm die Regenz dieses Kapital auf die zwei fisci legatorum und gymnasii je zur Hälfte gegen Verzinsung zu 4°/₀, an die Bibliothek und bewilligte die Anschaffung einiger notwendigen Fortsetzungen aus dem fiscus legatorum, sowie am 7. Mai 1781 einen jährlichen Zuschuss von 36 fl. in Neuthalern à 3 fl. = 50 fl. aus dem fiscus legatorum. Ja, am 4 Juli 1781 beschloss die Regenz, da der fiscus legatorum binnen 18 Jahren um 13532 fl. 17 ß 4 ₰ zugenommen habe, so solle das debitum fisci bibliothecae gegen fisco legatorum, so in verschiedenen Posten besteht und circa 500 fl. ausmacht, aus dem Corpore fisci legatorum weggelassen und diese Schuld getilgt werden.

Auch sonst musste der fiscus legatorum aushelfen. Als 1787 zur Sprache kam, dass der fiscus theologicus schon über 60 Jahre einen Schuldrest von 75 fl. an den fiscus bibliothecae zu fordern habe, bewilligte die Regenz dessen Zahlung aus dem fiscus legatorum, doch solle dieses Geld für theologische Bücher verwendet werden. Selbst als in demselben Jahre 1787 für nötig erachtet wurde, die Säuberung der Bibliothek und die Abstäubung der Bücher zweimal jährlich statt einmal wie bisher vorzunehmen, liess sich die Bibliothek für die Kosten der einen Säuberung auf den fiscus legatorum anweisen.

In den folgenden Jahrzehnten kam der fiscus bibliothecae wieder etwas zu Kräften, teils durch Legate, teils freilich auch durch Beschränkung der Bücheranschaffungen. Am Ende des Jahres 1817 betrug er alte Schweizerfranken 6416. 6. Die in dieser Zeit erfolgende Reorganisation der Universität gestaltete ihn noch besser. Das wird uns später beschäftigen. Was leisteten aber in dieser Zeit die vier Bibliotheksfisci der Fakultäten, die ja bis zur Gründung eines fiscus bibliothecae communis einzig und allein für die Bücherankäufe aufgekommen waren? Wir bemerken, dass die Fakultäten in dieser Beziehung mehr und mehr zurückhaltend geworden sind, dem Bibliotheksfiskus die Hauptsorge für die Vermehrung des Bücherbestandes überlassen haben, und in erster Linie auf Aeufnung ihrer Fonds bedacht gewesen sind. So ist von einer Fakultät bisweilen Jahre lang nichts angeschafft worden. Ein charakteristisches Beispiel teile ich aus dem Regenzprotokoll vom 6. Mai 1815 mit: In der Verlassenschaft des Prof. Herzog sel. findet sich eine Polyglotta Anglicana, die auf die öffentliche Bibliothek angeschafft werden sollte, wenn der fiscus theologicus die Hälfte des Kaufschillings, der vielleicht 100 Gulden ausmachen werde, übernehme, und die andere Hälfte der fiscus legatorum zahle. Der Decanus juridicus erbietet sich, *da schon lange keine Bücher aus dem juridischen Fach angeschafft worden seien*, diese Anschaffung aus ihrem fisco zu übernehmen. Was mit Dank angenommen wird.

Auf diese Weise sind die Fakultäten zu recht ansehnlichen Fisci gekommen, aus denen dann im Jahre 1818 der neue fiscus bibliothecae communis gebildet werden konnte.

Geschenke und Vermächtnisse.

War die Bibliothek von Anfang an während eines vollen Jahrhunderts ausschliesslich auf die Liberalität der Universitätsfreunde angewiesen gewesen, so konnte sie dieser Beihilfe, auch seitdem ihr eigene Mittel zu Gebote standen, nicht entbehren, da ja diese Mittel, wie wir genugsam gesehen haben, selbst den bescheidensten Anforderungen oft nicht genügten. Die Quelle freilich, die im 16. Jahrhundert die Bibliothek gespeist hatte, nahm seit dem 17. Jahrhundert bedenklich ab und drohte oft ganz zu versiegen: die Geschenke der Basler Buchdrucker von ihren Verlagswerken. Der Hauptgrund war der Niedergang des Buchdruckereigewerbes zu Basel, damit stand aber auch die Abnahme der Neigung zu schenken in Verbindung. Es bestand im 16. Jahrhundert keine gesetzliche Verpflichtung der Buchdrucker zur Ablieferung von sog. Pflichtexemplaren an die Bibliothek, wohl musste ein Exemplar für die Zensur eingegeben werden, aber es fiel dem Dekan der Fakultät zu, die es rezensierte. Die hierüber erlassene Verordnung beider Räte vom 23. Februar 1558 ist allerdings zweideutig, es heisst darin, der Drucker solle das Werk, das er neu oder in neuer Auflage drucken wolle, „Herrn Rectori hiesiger Universität zu Handen stellen, und der

Rektor die Decane der vier Fakultäten ohne Verzug zu sich berufen und durch diese und sich selbst erwähren lassen, welcher Fakultät solches zu besichtigen zustehen solle, und dass alsdann der, dem solches zu thun auferlegt, die Sache an die Hand nehmen und die Besichtigung zu thun gehorsam und gewärtig sein solle; dem Dekan, dem ein Buch zu ersehen verordnet, soll der Drucker sechs Stebler Pfennige von jedem Bogen, samt einem Exemplar, so davon gedruckt, zu Ergötzung ausrichten." Es ist doch wohl anzunehmen, dass das dem Rector zu Handen gestellte Exemplar nicht schon das gedruckte Werk selbst war, sondern bei neuen Werken das Manuskript und bei neu zu verlegenden der frühere Druck, da ja für den neuen Druck erst die Erlaubnis erlangt werden musste. Von einem Pflichtexemplar des neugedruckten Werks an die Bibliothek ist aber in dieser Verordnung keine Rede. In der Folge scheint indes von der Regenz die Sache so aufgefasst worden zu sein, als habe der Drucker auch an den Rektor zu Handen der Bibliothek ein neugedrucktes Exemplar abzugeben, und die Drucker hinwiederum scheinen das nicht immer anerkannt zu haben; auf Ansuchen des Rektors, der berichtete, es wollen darwider allerhand Unordnungen einschleichen, bestätigte der Rat am 15. Februar 1665 die Verordnung von 1558. Mit dieser Bestätigung war freilich der Zweifel, der im Wortlaute der Verordnung selbst lag, nicht beseitigt, und die Buchdrucker blieben saumselig in Ablieferung von Exemplaren an die Bibliothek, umsomehr, als sie sich überhaupt auch der Zensur auf alle Weise zu entziehen suchten. Am 6. Mai 1674 beschloss daher die Regenz, in Betracht, dass die Buchdrucker nicht alle aus ihren Werkstätten hervorgehenden Werke der Bibliothek einliefern und auch wenn sie am Ende des Jahres vom Pedell gemahnt würden, nicht alles was sie müssten, sondern nur was sie wollten, einschicken, es hätten die Dekane der Fakultäten, ohne deren Zensur und Konsens nichts gedruckt werden dürfe, darüber zu wachen, dass von jedem Werke ein Exemplar auf die Bibliothek gelange. Zu diesem Behufe hätten sie alle von ihnen zensierten Bücher aufzuzeichnen und halbjährlich durch den Pedell ein Exemplar für die Bibliothek zu beziehen, die widerspenstigen Drucker aber dem Rate zu verzeigen.

Dieser Beschluss konnte jedoch nie durchgeführt werden, im Jahre 1718 beschwerte sich die Regenz bei dem Rate, dass mehrere Drucker sich zu der Censur im Geringsten nicht bequemen, und da etwan von den gedruckten Büchern die auf unsere Bibliothecam publicam und denen Decanis pro censura kraft E. Gn. zu vielen wiederholten Malen ergangenen Erkanntnis schuldige Exemplaria durch unsern Pedellen eingefordert werden, selbiger mit Schimpf abgewiesen wird. Sie ersuchte daher die Drucker anzuhalten, dass sie die von vielen Jahren her gedruckten und der Bibliothek annoch ausständigen Bücher zu selbiger abliefere. Der Ratsbeschluss vom 22. Juni 1718 lautete: Bleibt bei letster Erkanntnis und sollen die H Decani Facultatum mit Zuziehung Herrn Stattschreibers die Macht haben nach Belieben die Truckereien zu besuchen, die Fehlbaren MHGAHerren zu verzeigen, die Trucker aber sowohl die ausständige als künftige Exemplaria von all gedruckt und druckenden Büchern zur löbl. Universität-Bibliothek auf die Mucken liefern und nichts ohncensiert drucken, bei hievor dictierter Straf.

Trotzdem wird bei der Visitation der Bibliothek am 17. Juni 1744 wieder geklagt, dass die hiesigen Buchführer das schuldige Exemplar der von ihnen gedruckten Bücher der Bibliothek zu liefern sich weigern oder saumselig erwiesen, und darauf werden von der Regenz am 28. Juni die Bibliothekare beauftragt, ein Verzeichnis aller Bücher, so die Buchführer der Bibliothek annoch schuldig sind, abzufassen, dann per ministrum academicum den Buchführern ein Termin von vier Wochen präscribiert werden nebst Bedeutung, dass nach dessen Verfliessung man sie wegen der noch abzugebenden Bücher vor UGH. anklagen werde. Die Herren Dekane sollen vigilieren, dass kein Buch ohne derselben resp. Approbation gedruckt werde, und sich jedesmal einen Schein geben lassen von dem Buchführer, dass sie ein Exemplar der Bibliothecq und ein anderes dem Herrn Dekan abstatten werden.

Bei der Visitation vom 16. Juni 1751 musste diese Ermahnung zur Vigilanz an die Dekane erneuert werden, auch wieder wohl ohne grossen Erfolg, denn im Jahre 1761 ging die Regenz abermals den Rat um seine Hilfe an, der nun in der durch den Druck publicierten Verordnung über das Bücher-Wesen vom 21. November 1761 befahl: So soll alsobald nach geendigtem Drucke von einem jeden entwederß für die Rechnung eines Buchdruckers selbst oder für andere hier gedruckte Werke, es sey gross oder klein, was Namens es haben möge, ein Exemplar auf die hiesige öffentliche Bibliothek geliefert werden. Derjenige Buchdrucker, der diese Schuldigkeit nicht innert den ersten vierzehn Tagen, nachdem ein Werk die Presse verlassen hat, erstattet, soll, anstatt eines Exemplars, zehne, von denen die neun übrigen zum Besten gedachter Bibliothek verkauft werden sollen, dahin liefern.

Diese Verordnung wurde nun von dem conventus decanorum als der Zensurbehörde streng, aber unter beständigem Widerstand der Drucker gehandhabt, bis zum Jahre 1798. Die helvetische Constitution vom 28. März d. J. proklamierte in § 7 die Pressfreiheit als die natürliche Folge des Rechts, das jeder hat, Unterricht zu erhalten. Die Buchdrucker erklärten demgemäss die Zensur (und damit auch das Recht der Bibliothek auf ein Pflichtexemplar) als dahingefallen, und die Regenz beschloss am 28. Mai, die Bücherzensurkommission nicht mehr zusammenzurufen, um sie nicht der unangenehmen Lage auszusetzen, keinen der Buchdrucker erscheinen zu sehen. Am 12. September 1803 (Basler Ges. S. 1. S. 154) wurde zwar die Bücherzensur wieder hergestellt, und durch Ratsbeschluss vom 20. September 1823 verfügt, dass künftig jede Druckschrift, welche politische Gegenstände behandelt, nur mit dem Imprimatur des H. Staatsschreibers solle zu drucken gestattet sein, und dass es im Uebrigen bei der Verordnung von 1761 ferner sein Verbleiben habe, aber mit § 13 der Verfassung des Cantons Baselstadttheil vom 3. Oktober 1833 (Basler Ges. S. VIII S. 51), der die Freiheit der Presse gewährleistete und jede Art vorangehender Zensur ausschloss, fiel die Verordnung von 1761 und damit auch die Verpflichtung der Buchdrucker gegen die Bibliothek dahin.

Waren somit diese Leistungen der Buchdrucker sehr erzwungene Geschenke, so ist es um so erfreulicher, dass die Bibliothek sich seitens der Professoren und einzelner Freunde wie auch Fremder vieler Gunst und Freigebigkeit zu erfreuen hatte. Geschenke, die der Regenz besonders wertvoll erschienen, wurden auf die Tafeln eingetragen, die in der Bibliothek aufgehängt waren, und es wurde diese Ehre nicht jedem zu teil, der darum nachsuchte; dem Wunsche der Erben des Bürgermeisters Debary, für das von Kunstmaler Hickel verfertigte und auf die Bibliothek verehrte Porträt des Bürgermeisters auf die Tafel der Donatoren gesetzt zu werden, wurde (18. Juni 1800) nicht entsprochen, „indem man befürchtete, dass man gegen andere Donatoren, denen man in ähnlichen Fällen nicht gleiche Ehre erzeigt, ungerecht sein möchte, und dass die Erben durch die Placierung dieses Porträts sich schon hinlänglich geehrt halten könnten". Dagegen mag ein Geschenk, das damals auch nicht auf die Ehrentafel kam, jetzt noch mit Auszeichnung genannt werden: 14. Januar 1718 Martin quondam V. D. M. in Herisau schenkt der Bibliothek charta amplissima Lutetiae Parisiorum figuram repraesentans nebst dem liber palatii procerum Gallorum. Nach dieser Bezeichnung handelt es sich wohl um den Pariser Stadtplan, der auf keiner französischen Bibliothek mehr zu finden, ein Unikum unserer Bibliothek und der Neid der Pariser Bibliothekare ist.

Die grösseren Geschenke und Legate, schon von P. Merian in seiner Festschrift aufgeführt, bemerken wir auch hier der Vollständigkeit wegen:

Geschenke in natura.

1682 schenkt Joh. Konr. Harder eine Anzahl orientalischer, arabischer und persischer Manuskripte aus dem Nachlass seines als professor linguae arabicae designatus von Leyden verstorbenen Sohnes.

1714 macht Baron v. Högger sein verhängnisvolles Geschenk, wovon bald mehr.

1727 schenkt Samuel Werenfels eine Anzahl wertvoller Geschichtswerke (Pistorius, Freher. Goldast u. a.).

1731 schenkt Rektor Joh. Rud. Thurneysen eine Anzahl wertvoller juristischer Werke (Heineccius, Conring, Coccejus u. u.).

1751 schenkt der Rat Joh. Chr. Lünigs teutsches Reichsarchiv.

1760 u. f. schenkt Achilles Ryhiner die picturae antiquae Herculanei in vielen Bänden (in rot Leder mit vergüldten Schnitten eingebunden).

1785 schenkt die helvetische naturforschende Gesellschaft ihr von Prof. Jaquin in Wien übermittelte botanische Werke dieses Autors.

1790 gelangt durch Legat des Bürgermeisters Joh. Ryhiner das Werk Description des arts et metiers XLVII vol. an die Bibliothek.

Geschenke in Geld.

1727 vermacht der Prof. Eman. Zäslin 100 Thaler.
1732 vermacht Robert Burckhardt, Kaufmann, 300 Thaler.
1737 bestimmt der Prof. und Bibliothekar J. Chr. Iselin der Bibliothek 2000 Gulden.
1759 legiert Prof. Ludwig Frey 300 Gulden.
1760 alt Landvogt von Homburg Robert Ritter 300 fl.
1762 General Hieronymus Linder 2000 fl. hauptsächlich für bauliche Einrichtungen und Reparaturen.
1778 Cand. Leonhard Ryhiner 250 fl.
1792 Ratsherr, früher Prof., Andreas Weiss 200 Neuthaler.
1801 Niklaus Harscher, Kaufmann, 300 fl.
1801 Prof. Rud. Stäbelin 1000 Franken.
1804 Prof. J. J. d'Annone 1000 fl. nebst seiner Sammlung von Versteinerungen, Mineralien und andern Naturalien.
1813 Prof. Jakob Meyer 128 Franken.

Nicht unerwähnt endlich mag bleiben, was für Ankauf von Bibliotheken von anderer Seite ist beigetragen worden, wozu im Grunde auch gehört, was die Regenz aus dem fiscus legatorum bezahlte.

Für den oben erwähnten Ankauf der einzigartigen hebräischen Bibliothek des Joh. Jak. Buxtorf erhielt die Regenz von der Regierung 200 Louis blancs, von Gerichtsherr Lucas Iselin 250 fl. und von Handelsmann Franz Leisler 180 fl.

Der durch den Rat vollzogene Ankauf der Sammlungen des Registrators Daniel Bruckner für die Bibliothek im Jahre 1778 brachte weniger der Bücherei einen Zuwachs als den Antiquitäten und den Versteinerungen.

1806 erkaufte die Regenz die Bibliothek des verstorbenen Prof. J. J. d'Annone, die besonders in den Fächern der Naturgeschichte, der Numismatik und der Litteraturgeschichte ausgezeichnet war und 10 000 Bände gezählt haben soll, von den Erben um 460 Louisd'or, die dem fiscus legatorum belastet wurden (Regenzbeschluss vom 20. Januar 1806).

1808 (Regenzbeschluss vom 25. Januar) kaufte die Regenz die medizinische Bibliothek des verstorbenen Prof. Werner de Lachenal um 75 Louisd'or, „da ohnedies das medizinische Fach auf der Bibliothek sehr schwach besetzt sei". Auch dieser Kaufpreis wurde von dem fiscus legatorum übernommen.

Der Bücherbestand der Bibliothek im Anfang dieses Jahrhunderts betrug laut dem Bericht an die helvetische Regierung 15 000—16 000 Bände Druckwerke und 4000 Manuscripte in 1500 Bänden.

Zum Schlusse dieser trocken ausgefallenen Darstellung mögen noch zwei der oben angeführten Schenkungen, die Höggersche und die J. Chr. Iselinsche, die vieles Charakteristische für die Beurteilung jener Zeit bieten und ein wahres Sitten- und Zeitgemälde abgeben könnten, näher dargelegt werden.

Die Schenkung von Baron Högger.

Diese anfangs mit überschwänglicher Freude begrüsste, später durch sehr schmerzliche Folgen verbitterte Schenkung hat eine lange Leidensgeschichte.

In der Regenzsitzung vom 21. Juni 1714 eröffnete der hiezu eingeladene Magister Joachim Lüdin, der gegenwärtig in Paris wohnende Baron Anton von Högger von St. Gallen habe ihn bei seinem neulichen Aufenthalte in Paris beauftragt, in seinem Namen der hiesigen Universität eine Anzahl kostbarer Werke als Geschenk anzubieten. Er nannte den Thesaurus Antiquitatum Romanarum von Graevius, Antiquitates Italiae mari Ligustico vicinae, die Antiquitates Graecae des Gronovius, alle bisher erschienenen Ausgaben der lateinischen Schriftsteller in usum Delphini, im ganzen 86 ausnahmslos prächtig eingebundene Bände. Der Baron habe diese Sammlung der Basler Bibliothek bestimmt in dankbarer Erinnerung an seine Basler Studienzeit und auch, wie in einem Briefe Höggers angedeutet war, zur Empfehlung seines damaligen Studiengenossen Lüdin bei der Regenz.

Der Beschluss der Regenz ging dahin, der Rektor solle dem Baron für sein fürstliches Geschenk, wie solches die Bibliothek seit langer Zeit keines erhalten, in einem Schreiben unter dem Universitätssiegel danken und ihm in Aussicht stellen, dass man Lüdin bei Vacanz einer Schullehrerstelle am Gymnasium auf Grund der Empfehlung eines so ausgezeichneten Gönners unserer Universität vor andern berücksichtigen werde. Zugleich wurde dem Lüdin der Titel eines secretarius bibliothecae nostrae publicae zuerkannt. Die Bibliothekare wurden angewiesen, das Geschenk in einem besonderen Schrank an augenfälligem Orte aufzustellen. Am 10. August wurde dem Lüdin noch ein silberner Becher mit Inschrift für seine zur Vermittlung des Geschenks gehabte Mühe dekretiert.

In der Regenzsitzung vom 15. September 1716 sodann wurde ein Brief des Prof. Jakob Christoph Iselin aus Paris verlesen, des Inhalts, Baron Högger habe im Sinn, der Bibliothek weitere 24 Bände zu schenken, worunter Theatrum Europaeum figuris aeneis a Merinno chalcographo illustratum, Europa bellis exagitata (das verwirrte Europa), Gottfrieds Chronik, Morerii Lexicon und ein geographisches Lexikon von Baudrand, alle sehr schön gebunden. Iselin wurde beauftragt, dem Baron hiefür den ergebensten Dank auszusprechen, und in der Regenz vom 17. Juni 1717 wurde dem nunmehrigen Rektor Iselin für seine Mühe in Vermittlung dieses königlichen Geschenks ebenfalls der grösste Dank bezeugt mit dem Ersuchen, seine Rechnung über die Kosten behufs deren Bezahlung aus dem fiscus bibliothecae zu stellen

amplissimae gratiae actae sunt Rectori, quod sua opera eximium et plane regium munus, quo baro Hoeggerus bibliothecam nostram locupletare destinavit, procurare fuerit dignatus Rogatusque vir magnificus, impensarum quas in eam rem facere necesse habuit, consignationem Regentiae exhibere ex fisco bibliothecae refundendarum, quando aequitas non patiatur, ut suum ipsi officium tanto cum fructu rei nostrae Academiae impensum etiam damnosum evadat)

Nach allem dem möchte man glauben, dass diese 86 und 24 Bände sofort in den Jahren 1714 und 1717 nach Basel und in den Besitz der Bibliothek gelangt seien. Dass dem nicht so war, zeigt das Nachspiel, das mit dem Jahre 1719 begann. In der Regenz vom 15. Januar 1719 kam ein Schreiben des Magisters Lüdin, der unterdessen in der That eine Schullehrerstelle erhalten, aber sich schon lang ohne Urlaub von der Regenz in Paris aufhielt, zur Verlesung, mit dem überraschenden Inhalt, er habe den Vorteil der Universität in Beschaffung einer unerhörten Menge Bücher, die Högger der hiesigen Bibliothek als Geschenk bestimmt habe, ernstlich betrieben (universitatis commodum in procurando munere Hoeggeriano ingentis librorum copiae bibliothecae publicae destinato serio agens), müsse nun aber melden, dass sein Gönner, der Baron, der schon über 7000 franz. Livres an diese Bücher gewendet, durch die Ungunst der Zeit in so fatale Vermögensumstände geraten sei, dass er gegenwärtig die der Bibliothek bestimmten und bei den Buchhändlern schon zusammengestellten und gebundenen Bücher nicht auslösen könne, doch sei er bereit, durch eine Schuldurkunde die Zahlung innerhalb einer Halbjahrsfrist zu versprechen, wenn nur die Regenz das Geld jetzt herschiessen und die Bücher dafür in Empfang nehmen wolle.

Näheres hierüber und über die darauf folgenden Begebenheiten erfahren wir aus dem ausführlichen Bericht der Regenz an die Regierung, der sich in einem Sammelband auf der Kirchenbibliothek (Beiträge zur Kirchengeschichte von Basel, Band IV) befindet. Lüdin, heisst es da, war schon im Sommer 1718 nach Paris gereist, nicht auf Geheiss der Regenz, sondern weil er sich die Hoffnung machte, dass wo er das überaus köstliche *Bücherpresent*, so H. Baron Högger schon zwey Jahre zuvor l. Universität destiniert, mitbringen wurde, er zu Basel nicht übel empfangen werde. Endlich schrieb er am 14. Dezember an den Rektor Battier, die Regenz solle die Bücher, an welche Högger schon gegen 8000 Livres gewendet (ohne die kostbaren Bücher, die er aus seiner eigenen Bibliothek dazugethan), vollends bezahlen, das sei das einzige Mittel, dieser köstlichen Bücher habhaft zu werden, und er versprach auf diesen Fall den Herrn Baron dahin zu persuadieren, dass dieser sich gegen einen Kaufmann (hinter welchem aber l. Universität stehen sollte) authentisch obligiere, die zu völliger Bezahlung der Bücher nötige Summe, wo sie ihm von demselben Kaufmann avanciert würde, in einer gewissen Zeit wieder zu refundieren, welche Obligation hernach l. Universität zu ihrer Sicherheit zugesendet werden solle. Dieser Vorschlag wurde in einer und der andern Regenz gänzlich verworfen, als etwas Unanständiges, daneben als eine Sache, die l. Universität in Schulden bringen und ihr viel Ungelegenheiten causieren würde.

Leider aber liess sich die Regenz dann zu einer Abweichung von diesem ersten Entschlusse verleiten und der Fluch der bösen That, die fortzeugend Böses gebar, blieb nicht aus. Lüdin bestürmte mehrere Professoren durch lamentable Briefe, die Sache nochmals zu proponieren, und brachte es dazu, dass sein Vorschlag endlich angenommen wurde. Laut Regenzprotokoll vom 15. Januar ging der Beschluss dahin, das Geld vorzustrecken, unter der Bedingung, dass die Bücher zuvor nach Basel geliefert seien und Baron Högger dem Kaufmann Labhardt in Paris den Schuldschein zugestellt habe. Dem Magister Lüdin wurde der Auftrag zur Bereinigung der Sache in diesem Sinne erteilt, mit der Weisung, alles in seinem Namen zu verrichten und den Namen der Universität dabei nicht zu gebrauchen. Der oben erwähnte Bericht sagt: Man gab Commission Herrn Labharden, die nach Lüdins Vorgeben zu Bezahlung und Spedierung der Bücher (dazu auch 2 globi und so viel sphaerae gerechnet wurden) 8200 Fr. theils durch Wechselbriefe selbst zu bezahlen, theils Lüdin zur definitiven Bereinigung in baar vorzuschiessen.

Am 6. Februar langten die Bücher in Basel an und wurden auf der Bibliothek aufgestellt: illustre plane munus et incomparabile, sagt das Regenzprotokoll, und fügt den Stossseufzer bei: quod tamen ut sine gravi nostrae bibliothecae sumtu nobis acquiri possit, optamus luctenus et speramus.

Ja, woher sollten die 8200 Fr. genommen werden? Die Regenz hatte offenbar gehofft, Högger werde den Schuldschein binnen Halbjahrsfrist einlösen. Das geschah natürlich nicht, und so musste die Regenz den Kaufmann Labhardt für seine Vorschüsse decken. Dazu kam, dass Lüdin ihr eine Rechnung stellte, wonach er ausser den von Labhardt bezogenen 8200 Fr. noch 956½ Fr. mehr in dieser Sache ausgelegt haben wollte. Als die Regenz von ihm die Belege dafür verlangte, erregte er durch immer neue Ausflüchte ihren Verdacht, und es gelang ihr, Briefe in ihren Besitz zu bringen, worin Lüdin an einen Bekannten in Paris geschrieben hatte, er solle ihm von den Buchhändlern und Speditoren Quittungen höheren Betrags als er wirklich bezahlt hatte, zu verschaffen suchen. Direkte Erkundigungen bei den Buchhändlern und sonst ergaben dann, dass die von Lüdin gestellte Rechnung falsch sei, und er musste es selbst eingestehen und eine neue Rechnung aufstellen, wonach er von der Summe, die er bei Labhardt bezogen hatte, noch Fr. 448 als nicht verwendet der Regenz schuldig blieb. Darnach stellte diese letztere fest, dass an die Höggerschen Bücher, wenn man dazu rechnet, was H. Labhardt in Wechselbriefen daran bezahlt, die Summe von 7751 Fr. gewendet worden war.[1]

---

[1] Ueber all dieses und die folgenden Schwierigkeiten mit Lüdin enthalten die citierten Akten der Kirchenbibliothek ein reiches Detail. Ich bemerke daraus hier nur noch, dass Lüdin zur Rechtfertigung seiner ersten Forderung angab, er habe aus Auftrag des Barons Geschenke an vier Professoren im Gesamtbetrage von 718 Fr. gesandt, habe aber das Geld von Herrn Baron nicht erhalten. Diese Geschenke, freilich nur im Werte von Fr. 638, sind gegeben und angenommen worden, ich habe nicht bestimmt ermitteln können, ob die vier Professoren sie bona fide als Freundschaftszeichen des Barons hingenommen haben oder ob sie wussten, dass Lüdin sie damit zu seinen Gunsten stimmen wollte. Bei Lüdin war das jedenfalls beabsichtigt.

In der Regenzsitzung vom 18. Oktober 1719 wurde beraten, wie diese Schuld getilgt werden solle. Man beschloss, in erster Linie den Lüdin zur sofortigen Bezahlung der 448 Fr. anzuhalten, und ernannte eine Kommission, bestehend aus den Bibliothekaren und den Professoren Zäslin und Battier, die nach Beratung einen Vorschlag machen solle; das Beste, wurde aber geäussert, werde wohl sein, wenn die Schuld aus den fisci der vier Fakultäten und der Bibliothek zusammengebracht werde, und dann könne man von den Pariser Büchern die besonders wertvollen Kupferwerke, deren die Bibliothek leicht entraten könne, wieder verkaufen und den Erlös den fisci refundieren.

Lüdin wurde nun unter Androhung der Suspension von seinem Amte aufgefordert, binnen acht Tagen zu zahlen. Da machte er der Regenz den Vorschlag, er wolle ihr den Schuldschein des Barons Hügger (den die Regenz von Labhardt eingelöst hatte) mit 1000 Gulden baren Geldes abkaufen, in welcher Summe aber die von ihm geschuldeten 448 Fr inbegriffen sein sollten.

Diese Proposition, sagt der Bericht der Regenz an den Rat, dünkte fast niemand anständig, allein was thut man nicht, wenn man in Nöten steckt? Was von unserem fisco bibliothecae in Wahrheit konnte gesagt werden, dem es, von dem Kapital selbst nicht zu reden, unmöglich war, den Zins von diesem aufgenommenen Kapital zu bezahlen.[1]) So beschloss man fast wider Willen mit Lüdin bestmöglich zu traktieren und wenn es nicht anders sein könnte, auch die 448 Fr. noch drein gehen zu lassen, jedoch mit Vorbehalt der Strafe.

Am 10. April 1720 beschloss die Regenz auf Antrag des curator fisci legatorum Prof. Harscher, da infolge von Kapitalrückzahlungen viel Geld in diesem fiscus liege, die Schuld der Bibliothek für die Höggerschen Bücher daraus zu tilgen. Die Meinung dabei war, dass der fiscus legatorum dadurch Darlehensgläubiger der Bibliothek werde, wie denn auch am 15. Oktober, als Prof. Iselin der Bibliothek die Werke Mabillons (wie es scheint eine Doublette) für 89 Thaler abkaufte, daraus 200 Pfund an den fiscus legatorum auf diese Schuld abbezahlt wurden, am 22. November neuerdings auf baldigen Verkauf der Doubletten zur Tilgung der Schuld gedrungen und am 2. Juni 1721 der Curator fisci legatorum angewiesen wurde, die 10 Pfund, die jede Fakultät jährlich aus diesem fiscus für Bibliotheksanschaffungen erhielt, zur Deckung der Zinsen, die ihm der fiscus bibliothecae schulde, zurückzuhalten. Dasselbe wurde am 11. Mai 1722 wiederholt.

Jener Bericht an den Rat (er trägt kein Datum, muss aber aus dem Jahre 1723 sein) fährt fort: Obwol von selbigen Zeiten bis dato viel deliberiert worden von den Mitteln die Bücher zu behaupten und nach und nach zu bezahlen, so ist doch niemand je in den

---

[1]) An einer andern Stelle: Lüdin hat uns die Obligation feil gemacht, wohl wissend, in was necessitet die Universität war, um sich von Bezahlung der schuldigen 448 Fr. zu befreien, dessen nicht zu gedenken, was er von der Person, so das Geld geschossen, stipuliert, welches uns noch zur Zeit unbewusst.

Sinn gekommen, dieser Difficultet halben bei Baron Högger de novo sich anzumelden. Zu ihrer angenehmen Bestürzung schrieb aber Herr Baron am 5. September (1720 oder 1721) der Regenz ohne irgend welche Sollicitation unsrerseits, sondern aus reiner Liebe und Generosität zu unserer Universität, er habe eint und anderes missfälliges gehört, das zu Basel seiner Obligation halb sollte passiert sein, er bitte um Auskunft; darauf hat ihm Hr. Dr. Iselin wahrhaft Bericht gegeben, worauf er sich excusiert. Diese so schätzbare Affektion hat uns Lüdin aus Rach entwenden wollen durch einen Lästerbrief, der uns nicht ohne Wissen und Willen des Barons unlängst zugesandt worden. In diesem Lästerbrief (vom 1. Sept. 1722 datiert, in Copie hinter dem Bericht der Regenz) stand, dass er, Lüdin, die von der Universität gering geachtete Obligation des Barons zu Rettung seiner Ehre an sich gekauft, und sonst viele Schmähungen auf die Universität, der Baron solle sehen, der Bücher wieder habhaft zu werden; er, Lüdin, meritiere seine Gintthaten besser o. s. w. Damit hat Lüdin seinen Eid und seine Pflicht gegen die Universität als civis academicus, praeceptor gymnasii und stipendiatus Amerbachianus schwer verletzt. Als man ihm diesen Brief vorhielt, bezeugte er nicht die geringste Reue darüber, sondern entrüstete sich über den, so dem Hr. Baron diesen Brief ausgefischet, nannte ihn Spitzbub und sagte, alles im Brief sei wahr und er wolle es vor dem Rat verantworten.

Diese Vorhaltung fand laut Regenzprotokoll am 31. Oktober 1722 statt, die Regenz entzog ihm zur Strafe sein Schulamt; es wurde, sagt der Bericht, von uns erkannt, man könne einem solchen Menschen die liebe Jugend nicht länger anvertrauen und im Gymnasio lassen, erstlich wegen Mangel an Gottesfurcht, 2. wegen Respectlosigkeit gegen seine Vorgesetzten, 3. wegen der schlechten Hoffnung auf Besserung, die Lüdin in diesem Prozess gezeigt.

Das Regenzprotokoll schliesst seine Notiz über das Verhör vom 31. Oktober mit dem Satz: Das darauf in dieser causa Lüdiana Ergangene siehe in den Memorialien, die deswegen bei E. E. Rath eingelegt worden, samt den hierauf erfolgten obrigkeitlichen Erkenntnissen. Non jubebit Amplissima Regentia infandum renovare dolorem.[1]

Die Höggersche Sache war aber noch nicht zu Ende. Schon in der Regenz vom 13. Okt. 1722 war ein Brief des Barons verlesen worden, worin dieser gewisse Hoffnung machte, die von ihm der Universität zugedachten Bücher völlig zu bezahlen und hiemit selbe ihrer diesfalls gemachten Schulden zu entheben. Es wurde beschlossen, ihm die begehrte Specification der von der Universität wegen dieser Bücher gehabten Unkosten zu schicken und ihm für sein freundliches Anerbieten bestens zu danken.

---

[1] Wir verfolgen diesen Prozess nicht weiter und bemerken nur, dass der Rat den Lüdin in sein Amt wieder einsetzte, worüber ein Memorial der Regenz vom 9 April 1723 sagt: Dass I' Gn. H. den Lüdin begnadigen und in seinen Schuldienst wieder einsetzen, können und werden wir nicht hindern, sintemal uns wohl bekannt ist, dass die h. Obrigkeit die Vollmacht hat, allen, auch den grössten Missethatern Gnade zu erzeigen. Aber sie, die Regenz, könne zu der Wiedereinsetzung des Lüdin in sein Amt nicht cooperieren, weil seine Abbitte beuchlerisch sei. Sie hofft, dass die von der Obrigkeit erzeigte Gnade den Lüdin zu wahrer Besserung führen möge.

Am 17. Juli 1723 zeigte Prof. Iselin der Regenz an, er habe von Horner in Paris einen Brief erhalten, worin stehe: M' le baron Högger m'a dit que je devois faire tirer sur luy une lettre de change pour la somme qui est due. Il faudroit ajouter aux 3745 fl. 15 sol. l'interest de l'an 1722 jusqu'an 12 mai de la présente année. Il veut qu'on tire à usance simplement, mais je crois qu'il faudroit tirer à deux usances. Il seroit bon que mon amy M' Henry Wettstein de St. Jean tirât la lettre. Prof. Iselin empfahl darüber zu beraten, doch so, dass nichts davon in das Publikum dringe. Die Herren Iselin, v. Waldkirch, Harscher, Zäslin und Joh. Bernoulli wurden delegiert, die Sache mit H. Samuel Wereufels (Bibliothekar) zu beraten, und diese beschlossen, Iselin solle an Horner schreiben, man übergebe diese Angelegenheit seiner Klugheit und Treue, da es keineswegs anständig scheine, die besondere Liberalität des Barons so zu missbrauchen, dass man gleichsam als Schuld von ihm eintreibe, was ein Geschenk seiner reinen Wohlthätigkeit sei, wodurch man auch Böswilligen die Hand zu Incriminationen gegen die Universität böte.

Diese einem Verzicht gleichkommende Antwort nach all dem Gejammer über die Schuldenlast möchte befremden. Aber man muss sich erinnern, dass die Regenz den Schuldschein des Barons verkauft hatte, und also von Rechts wegen nicht mehr Gläubigerin war. Das mochte sie sich sagen und vielleicht auch Horner schreiben, aber dem Protokoll es anzuvertrauen schämte man sich. Der Baron Högger war übrigens für diese Rücksicht nicht unempfindlich, denn um 2. Februar 1724 legte Prof. Iselin der Regenz vier wertvolle Bände mit vielen Kupferstichen vor, die der Baron durch H. Horner der Bibliothek geschickt hatte, darunter das Werk von Renard über die ostindischen Fische mit zahlreichen Kupfern. Aber das Geld blieb verloren, und bei der Bibliotheksvisitation vom 19. Juni 1726 nahmen die Dekane neuerdings ins Bedenken, in ihren Fakultäten zu beraten, ob und was ein jedes Kollegium zur Verminderung der Schuld, die für die Bibliothek entlehnt worden, beitragen könnte.

Man tröstete sich schliesslich damit, dass die Bücher viel mehr wert seien als das ausgelegte Geld. Schon in dem erwähnten Bericht an den Rat in der causa Lüdiana sagt die Regenz, sie habe jederzeit geglaubt und glaube noch, dass die köstlichen von H. Baron Högger ihro destinierten und zum grössten Theil schon von ihm bezahlten Bücher weit ein mehreres wert seien als was sie ihrerseits an dieselben bezahlt. In der That galten diese Bücher ein Jahrhundert lang als ein ganz besonderer Schatz der Bibliothek. Am 16. Juni 1734 erkannten die Dekane anlässlich der Bibliotheksrevision, es sollen die Höggerschen Bücher mit hölzernem Gegitter gleich den Manuskripten verwahrt werden. Im Jahre 1798 beschwerten sich einige Studiosi, dass auf der Bibliothek Bücher hinter Gitter verschlossen seien, die sonst zu der Studierenden Gebrauch frei und offen gewesen. Die Bibliothekare Herzog und Ryhiner, die der Präsident der Verwaltungskammer Wieland hierüber zu einem Bericht aufforderte, antworteten, diese Bücher habe Baron Högger geschenkt, es seien die auserlesensten und kostbarsten Editionen griechischer und lateinischer Autoren und vier Bände der prächtigsten Kupferstiche und sei ein grosser Schatz, den man deswegen mit Drahtthüren verschlossen, weil oft junge studiosi oder gar Unstudierte von diesen Büchern eigenmächtig weggenommen, wie Kinder darin geblättert und ohne Zweck und Kenntnisse nur die Kupfer beschaut. Dies hindere aber nicht, dass Kenner und Liebhaber der Wissenschaften, von deren Sorgfalt und Treue man versichert, einen Gebrauch von diesen kostbaren Werken machen könnten. Der Beschluss der Verwaltungskammer lautete darauf: Wird der fernere Erfolg abgewartet.

Noch bei der Teilung im Jahre 1833 bezeichneten die zur Wertung der Bibliothek berufenen Experten, worunter die Prof. J. C. v. Orelli und Baiter von Zürich, als einen für einen Bibliophilen wertvollen Bestandteil derselben die Editionen in usum Delphini.[1])

Sic transit gloria mundi! Jetzt stehen die meisten dieser Bücher in ihren verbleichten Lederbänden mit Goldschnitt unbeachtet und vergessen da, und werden höchstens noch als litterarische Seltenheit hie und da eines Blickes gewürdigt.

Iselinsches Legat.

Einen glücklicherweise harmloseren Verlauf hat die Geschichte des Geschenkes von Todes wegen, das der Bibliothekar Iselin im Betrag von 2000 fl. der Bibliothek sollte zugewendet haben. Ich erzähle an der Hand der Regenzprotokolle, die uns dieses Bild städtischen Kleinlebens überliefern.

Im April 1737 starb Jakob Christof Iselin. In der Regenz vom 9. August 1737 berichtete der Bibliothekar Harscher, Herr Gerichtsherr Falkner habe ihm im Namen der Erben des H. Dr. Iselin sel. ein silbernes Pokal samt 400 Gulden für die Bibliothek übersandt; das Pokal habe er behalten, die 400 Gulden aber habe er Herrn Falkner durch seine Magd wieder zurückgeschickt und sei der Magd gleich nachgegangen, Willens selbst mit H. Falkner zu reden, habe aber unterwegs vernommen, dass er ihn weder an diesem noch am folgenden Tage zu Hause treffen werde. Seither aber sei er bei ihm gewesen und habe ihm die Ursache angezeigt, warum er die 400 Gulden nicht habe annehmen können, darum nämlich, weil es die Regenz so hätte ansehen können, als wenn er mit den Erben des H. Dr. Iselin sel. transigiert hätte. Man habe nicht nur von 400 Gulden, sondern von einer grösseren Summe, nämlich 2000 Gulden gehört, so Herr Dr. Iselin sel. pro bibliotheca solle legiert haben. Worauf H. Falkner ihm geantwortet, er könne ihm in dieser Sache keine positive Antwort geben, müsse zuvor von Frau Hagenbachin zum Hasen als Miterbin, welche nun nicht in

[1]) Tscharner, Verhandlungen über die Teilungsfrage u. s w. Heft 2 S. 5

der Stadt sei, von dieser Sache reden, und habe endlich so viel gesagt, es werde eben nicht viel daran gelegen sein, wo sie die 2000 Gulden hingeben, einmal seien sie schuldig selbige zu bezahlen.

Die Regenz beschloss, die Sache bis zur Rückkehr der Frau Hagenbachin anstehen zu lassen und indessen alles sub silentio zu halten. Dann aber solle H. Dr. König etwa 4 oder 5 Tage nach deren Ankunft Herrn Falkner und Frau Hagenbachin für das Pokal Namens der Regenz danken und von beiden freundlich und mit aller Manier vernehmen, was eigentlich des Dr. Iselin sel. letzter Wille gewesen sei.

Am 20. August meldete Dr. König der Regenz, beide Erben hätten ihm erklärt, Iselin habe einen Tag vor seinem Tode der Frau Hagenbachin gesagt, man solle 2000 Gulden zum Nutzen der armen Studenten verwenden und das Geld Herrn Dr. Frey und Herrn Dr. Harscher zustellen.

"Weilen die Sach von grosser Wichtigkeit," wurde sie in Bedacht genommen, zumal Herr Dr. Frey abwesend war. Diesem versprach unterdessen der Deputat Frey, nochmals mit Frau Hagenbachin zu reden. Als aber immer kein Bericht von ihm eintraf, beschloss die Regenz am 7. Oktober 1737, einen Notarius juratus zu H. Gerichtsherrn Falkner und Frau Hagenbachin zu schicken und sie zu ersuchen, sie sollen die Gütigkeit haben und das Legat des H. Dr. Iselin nebst den von ihm angehenkten Conditionen der Regenz übergeben.

Der Notar Karger, der diesen Auftrag erhielt, kam übel an. Er berichtete der Regenz am 14. Oktober, die besagten Erben hätten ihm geantwortet man solle Rectori sagen, eine ehrwürdige Regenz habe mit ehrlichen Leuten zu thun, die das so sie schuldig seien, richtig abführen werden. Das veranlasste die Regenz, "noch etwas Zeit inzuhalten und zu erwarten, was H. Dr. Iselins sel. Erben thun werden".

Endlich, auf nochmalige, Ende Mai 1738 erfolgte Mahnung des Notars, konnte der Rektor am 6. Juni der Regenz anzeigen, das Geld für das Legat des Dr. Iselin sel., nämlich 2000 fl. für arme Studiosi und 500 fl. für die Bibliothek, samt einem ganzen Jahreszins sei abgeliefert worden. Die 2000 fl. wurden zu zwei Stipendien von je 30 fl. jährlich bestimmt.

Aber dieses Resultat liess den bibliothecarius adjunctus Dr. König nicht ruhen. Nach zwölf Jahren, am 12. April 1750, brachte er in der Regenz das Iselinsche Legat von 2000 Gulden wieder zur Sprache: er berief sich darauf, dass Iselin sich oft gegen Professoren geäussert habe, man werde nach seinem Tode 2000 Gulden für die Bibliothek gewidmet finden. Auch den Erben habe es zweifelhaft geschienen, ob das Legat für die Bibliothek oder für arme Studenten gemeint sei. Er (König) habe daher erst kürzlich wieder "aus sonderbarem Eifer für die Bibliothek" einigen von der Freundschaft diese Betrachtungen zu Gemüte geführt und endlich von ihnen mündlich die Deklaration erhalten, dass sie sämtlich gern sähen, dass diese zwei gestifteten Stipendia Iselinna wieder abgeschafft und das Kapital der 2000 fl. ex fisco legatorum in fiscum bibliothecae übertragen werde. Die

Regenz beschloss, man solle trachten mit guter Manier diese Deklaration von der Freundschaft schriftlich zu erhalten. Vorsorglich wurde am 15. Mai 1750 das eine vacant gewordene Stipendium nicht wieder vergeben.

In der That stellten die Iselinschen Erben eine solche Erklärung schriftlich aus. Nach ihrer Verlesung in der Regenz vom 25. September 1750 erging der Beschluss, diese 2000 fl. unter Abzug dessen, was schon an die auf der Iselinschen Gant erkauften Bücher sei ausgegeben worden, allmählig aus den dem fiscus legatorum eingehenden Geldern zu entnehmen und in sechs Teile zu teilen, wovon zwei der fiscus bibliothecae communis und je einen jede der vier Fakultäten erhalten solle. Doch seien diese Beträge beförderlich an gute Bücher zu verwenden und diese womöglich auf einem besonderen Repositorium unter dem Namen Bibliotheca Iseliana aufzustellen.

* * *

Wenn man die Regenzprotokolle der eben dargestellten Periode genauer durchgeht, so gewinnt man die Ueberzeugung, dass der Vorwurf nicht am Platze wäre, es hätten die Lehrer der Universität die Bedeutung einer Bibliothek unterschätzt, die ihnen anvertraute Anstalt nicht mit dem gehörigen Interesse gepflegt, sich eher gleichgiltig gegen sie verhalten oder gar ihre Verwaltung vernachlässigt. Denn fast jede Regenzsitzung legt Zeugnis ab von der liebevollen Treue und Sorgfalt, die über der Anstalt gewacht hat, und die hauptsächlich von den Professoren jährlich aufgebrachten Neujahrsgeschenke (strenae), die eine wesentliche Verbesserung des Bibliothekbüdgets bewirkten, sind ein ehrender Beweis ihrer Fürsorge. Wenn dennoch die hier gegebene Darstellung einen nicht recht befriedigenden, ja einen unerquicklichen Eindruck von dem damaligen Zustande der Bibliothek hervorrufen mag, so liegen die Gründe mehr an der Zurückhaltung des Rats und der Teilnahmlosigkeit der Bürgerschaft. Was letzteren Punkt betrifft, so war ja unläugbar in dieser Periode eine grosse geistige Regsamkeit zu Basel nicht vorhanden, und was das Verhalten des Rats betrifft, so war es mehr oder weniger durch die selbständige Stellung der Universität in unserm Gemeinwesen gegeben. Die Universität stand auf ihren Privilegien und Freiheiten und wachte eifersüchtig darüber, dass ihr der Rat in ihre inneren Angelegenheiten nicht hineinregiere, und der Rat vergalt es damit, dass er dann auch mit seiner Hilfe zurückhielt, wenn sie die Universität gern gesehen hätte. Eine finanzielle Beteiligung des Rats wäre vielleicht erhältlich gewesen, wenn sich die Universität nicht vor einer Einmischung desselben in die Verwaltung der Bibliothek gefürchtet hätte. So zog sie vor, sich mit ihren bescheidenen Mitteln zu behelfen, und nur an den Rat zu gelangen, wenn es sich um Reparaturen am Gebäude oder, wie in den 60er Jahren des vorigen Jahrhunderts, um Instandstellung neuer Räumlichkeiten handelte. Solchen Begehren war der Rat im ganzen nicht unzugänglich, wenn er sie bisweilen auch in ein etwas langes Bedenken nahm, und die Universität hatte sich in dieser Hinsicht nicht zu beklagen. Das allerdings seltsame Ansinnen, das die Häupter im Jahre 1731 an die Regenz stellten, ihnen für Einstellung der Stadtkutsche in den Eingang der Mücke diese Räumlichkeit frei zu halten und ihnen zu dem Ende einen Schlüssel zum Thor zuzustellen, wurde auf Remonstration der Regenz sofort zurückgezogen.

Die Bibliothek hat bei dieser Sachlage immerhin eine nach unsern heutigen Begriffen kümmerliche Existenz geführt. Ihre ungenügende finanzielle Dotierung nötigte nicht bloss zu schädlicher und bis auf unsere Tage ihre Nachwirkung fühlbar machender Zurückhaltung in Anschaffung unentbehrlicher Werke, sondern hinderte auch ihre Leistungsfähigkeit für die Nutzbarmachung der Büchersammlung. Wie oft ist darüber beraten worden, den Gebrauch der Bibliothek gemeinnütziger zu machen! Aber was konnte einem nahezu unbesoldeten Bibliothekar über die paar Oeffnungsstunden hinaus zugemutet werden, und wie mussten die besten Vorsätze scheitern bei einem Lokal, das im Winter eigentlich unbenutzbar war! Es ist keine Frage, ein frischeres Leben that dringend not, und dieses Gefühl kam in der Reorganisation der Universität zum Ausdrucke.

1818 bis 1896.

Die im Anfange unseres Jahrhunderts auf Hebung des Unterrichtswesens gerichteten Wünsche und Bestrebungen konnten die Universität nicht bei Seite liegen lassen. Wir nehmen aus den Universitätsgesetzen das heraus, was auf die Bibliothek Bezug hat. Das Gesetz wegen besserer Einrichtung löblicher Universität vom 19. Mai 1813 (Basler Ges.-S., III, S. 373) enthielt die Bestimmung, dass die Universitätsfonds nach festzusetzenden Grundsätzen sollten verwaltet werden. Die zur Untersuchung des Zustandes löbl. Universität von E. E. und W. W. Rat aufgestellte Kommission, die auch den Entwurf eines Universitätsgesetzes auszuarbeiten hatte, erhob über die Einrichtung der Universitätsfonds ein Gutachten der Regenz, die es am 21. Februar 1817 erstattete. Am 10. April 1817, heisst es in dem Protokoll dieser Kommission, wurde der von E. E. Regenz eingegebene, sehr umständliche Bericht und Vorschlag über die Verwaltung der verschiedenen fiscorum der Universität und besonders der Facultatum in Beratung gezogen und dem vorgelegten Plan die Zustimmung der Kommission erteilt, zu dem End die Regenz bevollmächtigt, die fiscos nach dem vorgelegten Plane abzuteilen, die Rechnungen darnach einzurichten und nach Genehmigung durch die Kommission der Regierung zur Bestätigung einzugeben. Laut diesem Memorial wurde der fiscus bibliothecae communis im Betrage von Fr. 6216 a. W. mit den fisci bibliothecae der vier Fakultäten (und zwar Fr. 4173 der theologischen, Fr. 1907 der juristischen, Fr. 7925 der medicinischen und Fr. 13 770 der philosophischen Fakultät) vereinigt, ferner der kapitalisierte Jahresbeitrag aus dem fiscus legatorum um das Dreifache vermehrt[1]) mit Fr. 15 000 dazu geschlagen und mit ein paar kleineren kapitalisierten Jahresintraden auf die Gesamtsumme von Fr. 51 000 a. W. gebracht, womit die neue Rechnungsführung vom 1. Januar 1818 an eröffnet wurde.

Das am 17. Juni 1818 erlassene Gesetz über die Organisation der Universität (Ges.-S., V, S. 34) stellte diese unter die Oberaufsicht und Leitung der Regierung, übertrug diese Oberaufsicht einer neugeschaffenen obersten Erziehungsbehörde, der Kuratel, bestehend

---

[1]) In v. Tscharner, Verhandlungen über die Teilungsfrage, Heft 2, S. 90, ist dieser Zuschuss bezeichnet als akademische Dotationszulage von 1817, den Ersparnissen des Stipendienfonds enthoben. Das Memorial der Regenz findet sich in den Akten der Universitätskommission. Staatsarchiv, Erziehungsakten A 1.

aus drei von der Regierung aus ihrer Mitte gewählten Mitgliedern (einem Präsidenten als Kanzler der Universität und zwei Kuratoren), und bildete aus der Kuratel mit den ordentlichen Professoren zusammen den akademischen Senat für Vorberatung allgemeiner Gegenstände zum Besten der Universität, sowie *zur Prüfung der Rechnungen* der verschiedenen Universitätsfonds und Uebermittlung derselben an den Erziehungsrat [1]) zur Genehmigung und Eingabe an die Regierung. Im übrigen änderte es an der Stellung der Regenz zur Bibliothek nichts, da es der ersteren ausdrücklich die Aufsicht über diese und über alle anderen wissenschaftlichen Sammlungen beliess.

Die Bibliothek konnte mit der Neuerung zufrieden sein, ihre finanzielle Grundlage war wesentlich verbessert. Noch mehr kam ihr zu statten, dass ihr (übrigens schon seit 1802) ein trefflicher Mann, der Bibliothekar Daniel Huber, vorgesetzt war, der unermüdlich für ihr Wohl sorgte. Eine Folge des Universitätsgesetzes war es wohl auch, dass man die Frage, wie die Bibliothek zu gemeinnützigerem Gebrauche und öfterer Benutzung einzurichten sei, nicht mehr bloss akademisch besprach, sondern auf Vorschlag einer durch geheime Abstimmung gewählten Kommission (Huber als Präsident, Prof. Schnell, Chr. Bernoulli, Gerlach und Kortüm) wenigstens einen nach heutigen Begriffen immer noch bescheidenen Schritt vorwärts that, indem man am 15. Juni 1821 zur Vorlage an die Kuratel folgende Sätze aufstellte:

1. Die Bibliothek soll das ganze Jahr hindurch zweimal in der Woche, Montags und Donnerstags, jedesmal drei Stunden, im Winter von 1—4, im Sommer von 2—5 Uhr, geöffnet werden. In der ersten Stunde des Montags und den beiden ersten Stunden des Donnerstags ist sie für Studenten und andere Liebhaber zum Einsehen und Entlehnen der Bücher offen, die übrigen Stunden können die Professoren und wem es sonst auf geziemendes Ansuchen erlaubt wird, zum Arbeiten benutzen.

2. Da der Winter Wärmung erfordert, und ohne zu kostspielige Aenderung kein anderes Zimmer als das, worin gegenwärtig schon ein eiserner Ofen steht, gebraucht werden kann, so soll man sich zur Probe für nächsten Winter damit behelfen, obgleich ein Kachelofen „wegen längerer Haltung der Wärme im ganzen Zimmer" besser wäre. Die Anschaffung des Heizmaterials wäre von einer der Regenz anzuweisenden Behörde zu übernehmen.

3. Die drei Custoden sollen wegen mehr als verdoppelter Mühe eine Zulage von etwa 32 Fr. erhalten. Der Gebrauch des untern Zimmers dürfte einen vierten Custoden erfordern. Gegenwärtig seien der Pedell und noch ein anderer als ordentliche Custoden angestellt und haben jährlich für achtmonatliche Funktionen jeder 18 Fr. ex fisco rectoris, überdies Trinkgelder von Fremden; der seit einigen Jahren angestellte dritte Custos beziehe

---

[1]) Der durch Gesetz vom gleichen Tage über die Aufstellung und Organisation des Erziehungsrates eingeführt wurde. Der Erziehungsrat war vom Grossen Rat auf einfachen, bei künftigen Erledigungsfällen auf doppelten Vorschlag des Kleinen Rats zu wählen.

ebenfalls 18 Fr. ex fisco rectoris. Wenn nun 4 Custoden das ganze Jahr hindurch functionieren, drei Stunden in der Woche alle vier, drei Stunden aber nur zwei, so sollte die Besoldung jedes einzelnen auf 50 Fr. erhöht werden. Hieran fliessen bereits 54 Fr. ex fisco rectoris, 60 Fr. könnte man uns Stipendien nehmen, da drei Custoden aus den Studierenden zu wählen wären; für die noch nötigen 86 Fr. möge die höhere Behörde der Regenz eine Quelle anweisen. Der Pedell könne für seine Erhöhung auf 50 Fr. auch das Einheizen besorgen.

4. Von den Handschriften soll ein Katalog mit einer kurzen Inhaltsanzeige und einiger Beurteilung nach dem Muster des Sinnerschen Katalogs der Handschriften der Berner Bibliothek nach und nach verfertigt werden, wozu einige Professoren Hand zu bieten sich bereit erklärt haben.

5. Die bisherige Uebung in Betreff des Ausleihens der Handschriften war, dass keine verabfolgt werden sollte ohne vorher bestimmten Wert derselben und Garantieleistung für diese Summe im Fall des Verlusts (höhere Gewalt ausgenommen), welche Garantie sich bei Professoren auf eine blosse Handschrift beschränkte. Diese Uebung wollte der eine Teil der Regenz in Betreff der Professoren abgeschafft wissen, weil etwas Entehrendes darin liege und die Wertung des Manuscripts willkürlich sei. Die Mehrheit will aber diese Garantie beibehalten, da sie sich auch ohne schriftliche Bezeugung von selbst verstehe, und eine Vorherbestimmung des Wertes vielen unangenehmen Streitigkeiten vorbeuge.

6. Ueber Anschaffung der Bücher wird die bisherige Uebung näher bestimmt, dass jeder Professor das Recht habe, Anträge zur Anschaffung neuer Werke zu stellen, und darauf, soweit sie sein Fach betreffen, besondere Rücksicht zu nehmen sei; dass alle Fächer der Gelehrsamkeit gehörig sollen berücksichtigt werden; dass die gemachten Vorschläge sämtlicher Bibliothekarien der vier Fakultäten (vergl. oben S. 24) mit Zuziehung eines Mitgliedes der philosophischen Fakultät sollen in Beratung gezogen werden, dass aber beträchtliche Anschaffungen, die den Wert von 100 Fr. übersteigen, der Regenz zur Entscheidung vorzulegen seien.

Die Kuratel erteilte diesen Vorschlägen ihre Genehmigung.

Aus Anlass dieses Reglements tritt zuerst der Name eines Mannes in der Bibliotheksgeschichte auf, dem in der Folgezeit eine weittragende Wirksamkeit zum Besten dieser Anstalt zufallen sollte: Professor Peter Merian, der gemäss § 6 des Reglements am 7. Juni 1822 als Mitglied der philosophischen Fakultät in die Bibliothekskommission gewählt wurde. Er eröffnete gemeinsam mit seinem Bruder Rudolf die lange Reihe von Geschenken, die er bis zu seinem Tode der Bibliothek zugewendet hat, im Dezember 1822 mit einer grossen Anzahl von höchst wertvollen Werken namentlich aus der französischen Geschichte (so Bouquets Recueil des Historiens de la France).[1] Seiner Initiative war auch die Trennung

---

[1] Im Jahre 1829 folgte eine zweite Schenkung von etwa 300 Bänden über die Schweiz und ihre Geschichte von denselben Brüdern Merian.

der naturwissenschaftlichen Sammlungen von der Bibliothek entsprungen, die dann im Jahre 1849 bei Bezug des neuen Museums auf die Kunst- und Antiquitätensammlung ausgedehnt, der unnatürlichen Vereinigung dieser Dinge unter einer Verwaltung und in einem Lokale ein Ende machte. Die im Jahre 1768 von Pfarrer d'Annone in Muttenz der Universität vermachte und die aus dem Nachlass des Registrators Daniel Bruckner angekaufte Petrefaktensammlung sowie das in Conchylien, Versteinerungen und Mineralien bestehende Vermächtnis des 1804 verstorbenen Professors J. J. d'Annone nebst dem 1809 angekauften Petrefaktenkabinet des J. R. Frey, „eine der ansehnlichsten in damaliger Zeit bestehenden Petrefaktensammlungen" (Merian, Festschrift S. 14), waren bisher auf der Mücke untergebracht gewesen. 1821 wurde hiefür das naturwissenschaftliche Museum im Falkensteiner Hof gegründet und unter besondere Verwaltung gestellt.

Dass ein regsamerer Geist eingezogen war, zeigen eine Menge kleiner auf Erleichterung der Benutzung der Bibliothek gerichteter Beschlüsse der Regenz während der zwanziger Jahre; hervorgehoben zu werden verdient, dass die Bibliothekskommission den zweckmässigen Plan der Herstellung eines neuen Katalogs fasste und sich von der Regenz am 28. Juni 1827 einen solchen nach den bisherigen fünf Abteilungen getrennt zu erstellen ermächtigen liess, nachdem man diesem System vor dem der „Zusammenschmelzung" in einen einzigen nach langer Erwägung den Vorzug gegeben hatte. Dieser Beschluss scheint auf eine Anregung des Prof. Christoph Bernoulli zurückzuführen zu sein, der in den Baslerischen Mitteilungen zur Förderung des Gemeinwohls, Jahrg. 2 (1827) Abt. 2 S. 265, in einem Aufsatz über die öffentliche Bibliothek in Basel die Mahnung an weitere Kreise zur Unterstützung dieser Anstalt erlassen und Wünsche für bequemere Benutzung namentlich in der Richtung der Herstellung neuer Kataloge geäussert hatte. In einem zweiten Aufsatze derselben Zeitschrift, Jahrg. 5 (1830) S. 215, befürwortete er besonders die Einrichtung eines Lesezimmers, längere Benutzungszeit und überhaupt bessere Zugänglichmachung auch an Nichtstudierende.

Das wichtigste Ereignis der zwanziger Jahre war aber der endliche Erwerb des Kabinets von Dr. Remigius Fäsch. Man möge es dem Verfasser als Juristen zu gute halten, wenn er diese juristisch nicht uninteressante Episode ausführlicherer Darstellung würdigt.

Das Kabinet von Dr. Remigius Fäsch.

Am 24. Februar 1667 errichtete der Doctor juris Remigius Fäsch über sein gesammeltes Kabinet nebst Bibliothek wie auch sein Haus auf dem Petersplatz testamentarisch folgende

„Sonderbare Verordnung, wie es mit obigem meinem Museo oder Cabinet, darinnen meine Bibliotheka und andere kostbare Sachen, so ich mit grosser Müh, Sorgfalt und Unkosten in dreissig und mehr Jahren zusammen geleget habe, gehalten werden solle.

Und erstens zwar, so ist mein beständiger Will und Meinung, dass die gedachte Bibliothec und übrige Sachen, wie sie anjetzo beisammen liegen, und was noch dazu gehört, in verschiednen Gemächern hin und wider befinden thut, also jeweilen bey einander ohnvertrennt und ohnsepariert verbleiben solle; sammt dem Hauss auf St. Peters Platz, darinnen sie zusammengetragen."

Remigius Fäsch D.

„Für das andere, so ist mein Will, dass mein Bruder D. Christoffel dasselbige soll in Verwaltung haben, doch dergestalten, dass zu ewigen Zeiten (menschlich zu reden) und auf keinen Fahl mögen oder sollen verändert oder vernlieniert werden, und da auf sein Absterben sein Sohn Sebastian qualificiert sein wurde, selbiges zu verwalten, soll er Ihme, Herrn Vattern, in der Administration succedieren, und da er Kinder bekommen sollte, die gleichförmig capable seyen und den Gradum Doctoris in beyden Rechten erlangt haben wurden, sollen dieselben ihrem Vatter hierinnen gleichförmig succedieren."

Remigius Fäsch D.

„Im Fahl aber drittens mein Vetter Sebastian seines Vattern Doctoris Christophori Tod nicht erleben sollte, und keine Kinder hätte, die zur selbigen Zeit qualificiert und Doctor wären, so verordne ich zum Administratore und Successore gedachtes meines Bruders Doctoris Christophori meinen lieben Vettern Johann Rudolph Battier, da er je zur selbigen Zeit in Leib und Leben seyn wurde, doch dergestalten dass solche Verwaltung nicht auf seine Erben kommen solle."

Remigius Fäsch D.

„Zum vierten, dieweilen mein Bruder Johann Ludwig verschiedene Söhne, die er zum studieren haltet, auf ermangelte andere Fähl einer oder der andere den Gradum Doctoris juris haben wurde, dass alsdann solchem dise Verwaltung gedeyen solle, und so, wie es Gott der Herr schicken möchte, auch in disen benamsten Personen sich ein Mangel erzeigen sollte, so ist mein Will, dass, da einer von Fäschen Geschlecht vorhanden und die erforderte Requisit haben wurde, dass auf denselbigen alsdann diese Administration gelangen sollte; doch verstehet sich dieses dergestalt, dass der Verwalter jeweilen auch sein Hauss-Wesen in gemeldtem Hauss auf St Peters Platz haben sollte."

Remigius Fäsch D.

„Fünftens, da es sich nach dem Willen Gottes begeben sollte, welches er doch gnädig verhüten wolle, dass niemand mehr Fäschisches Geschlechts, der zu dieser Verwaltung tüchtig wäre, übrig sein wurde, so ist mein auch liebster Will und Meinung, dass alsdan auf diesen unverhoften Fahl dieses Cabinet mit der Bibliothec und übrigen Raritäten einer löblichen Universität allhier zu deren getreuen Verwaltung solle heimfallen; doch das Hauss antreffend, solle dasselbige auf diesen Fahl auf meine nächsten Erben für eigenthumlichen heimfallen."

Remigius Fäsch D.

Auf Grund dieses Testaments succedierten nacheinander Dr. Christoph Fäsch und dessen Sohn Dr. Sebastian Fäsch. Als letzterer 1712 starb, war in der Fäschischen Familie zwar ein Doctor juris vorhanden, nämlich Professor Bonifatius Fäsch, der sich aber seiner schwächlichen Gesundheit wegen der Verwaltung nicht unterziehen mochte. Der einzige Sohn des Sebastian, Andreas Fäsch, war bei dem Tode seines Vaters candidatus juris; diesem übertrug die Familie die Verwaltung des Kabinets, und nach seinem Tode dem jüngeren Andreas Fäsch, J.U.L., ohne dass die Universität Widerspruch erhob.

Dieser Andreas Fäsch der Jüngere starb 1772 als Landvogt zu Farnsburg. Auch jetzt existierte kein Doctor juris in Fäschischer Familie, und die Regenz beschloss daher am 14. Juli 1772 derselben anzuzeigen, dass sie jetzt den Anspruch auf das Kabinet erhebe, da der Fall des Art. 5 des Testaments eingetreten sei.

Am 6. August meldete der Notar Hummel Namens der Vorsteher der Fäschischen Familie, der casus sei dermalen noch nicht vorhanden, da dieses Kabinet der Universität anheimfalle, indem Herr Emanuel Fäsch, Stadtschreiber von Liestal, iuris utriusque licentiatus, somit zur Verwaltung capabel sei, daher ihm auch die Familie dieses Fideicommiss allbereits zuerkannt habe; übrigens lade sie die Regenz ein, bei der Aufstellung eines Inventars, das jetzt gemacht werden müsse, durch ein von ihr dazu ernanntes Mitglied beizuwohnen. Die Regenz sprach ihr Befremden über dieses Vorgehen aus, ernannte aber unter Wahrung aller ihrer Rechte zu ihrem Abgeordneten für die Inventarisation den Bibliothekar Prof. Beck und für das Münzkabinet und die Naturalien den Professor d'Annone.

Nun trat aber noch ein dritter Prätendent auf in der Person des Professors Andreas Weiss, J.U.D., durch seine Mutter Anna Maria Fäsch Grosssohn des Sebastian Fäsch. Er begründete seinen Anspruch damit, dass der Stifter niemals im Sinne gehabt habe, ein Fideicommiss bloss zu Gunsten des Mannsstammes der Fäsch zu errichten, denn er habe nach dem Sebastian alle dessen *Kinder* berufen, und Mangels capabler Kinder einen Battier.

Und endlich beanspruchte Gerichtsherr Mitz als Erbe des letzten Inhabers alle diejenigen Bücher der Fäschischen Bibliothek, die nach 1667 als dem Todesjahre des Stifters gedruckt und also erst seither angeschafft worden seien. Dieser Anspruch wurde vorläufig in suspenso gelassen, als Prof. Beck mitteilte, dass die seit 1667 gedruckten Bücher in keiner grossen Anzahl seien, auch nicht von grosser Erheblichkeit zu sein scheinen, und Herr Mitz nicht abgeneigt scheine, die Bücher, die Sebastian Fäsch der Bibliothek einverleibt habe, dabei zu lassen. Im übrigen berichtete Prof. Beck, dass bei der Inventarisation alles in der grössten Unordnung angetroffen worden sei, die Bücher seien aufgehäuft am Boden gelegen, im Münzkabinet seien in dem nämlichen Fach alte und neue Münzen beisammen, doch sei über die Gemälde, Statuen und andere Antiquitäten ein Verzeichnis gemacht worden, nur werde bis dahin Holbeins Porträt, so ehedem in diesem Kabinet gewesen, nebst einigen anderen Sachen vermisst.

In der Regenzsitzung vom 16. September 1772 zeigte der Rektor an, die Regierung habe auf Ansuchen der Fäschischen Familie die Uebergabe des Fideicommisses an Emanuel Fäsch ratificiert; diese Prozedur sei ganz unregelmässig, da man zudem die Gründe der Regenz nicht einmal angehört habe. Es wurde beschlossen, die Sache vor Stadtgericht anhängig zu machen, und demgemäss im November 1772 die Klage eingereicht. Darauf fand sich Deputat Fäsch, der Bruder des Emanuel, bei dem Rektor ein und ersuchte ihn, mit dem Prozesse noch zu warten, da Emanuel geneigt sei auf die Verwaltung zu verzichten. Die Regenz zog daraufhin die Klage zurück, und es erfolgte in der That ein Verzicht des Emanuel Fäsch, aber zu Gunsten des Prof. Weiss. Auch dieses Vorgehen wurde von dem Rate ratifiziert. Darauf beschloss die Regenz am 14. Juli 1773, dem Rate vorzustellen, man wolle sich dieser Erkanntnis nicht opponieren, aber man begehre, dass MGnHerren geruhen zu erkennen, das Kabinet solle auf Absterben des H. Prof Weiss ohne weiteren Anstand der Universität zufallen. In der Regenzsitzung vom 26. Oktober 1773 berichtete der Rektor, seit dem 21. August als dem Tage der Eingabe des Memorials der Regenz an die Regierung, hätten MGnHerren noch keine Erkanntnis erlassen, auch habe Prof. Weiss, dem die Gnllerren das Memorial mitgetheilt, noch keine Antwort darauf gegeben. Hübsch ist der darauf gefasste Beschluss: Weil H. Prof. Weiss erst gestrigen Tags Ratsherr geworden und desswegen viele Visites zu empfangen und wieder abzulegen habe, so solle man bis zu Ende der jetzt angehenden Mess abwarten. Aber erst am 19. Januar 1774 erging die Ratserkanntnis: Lassen es MGnllerren bei den in dieser Sache ergangenen Erkanntnussen bewenden und wollen dem Rechten seinen Gang lassen. Darauf beschloss die Regenz am 25. Januar, den Ratsherr Weiss vor Stadtgericht zu citieren und einen richterlichen Spruch zu begehren.

Gegen die nunmehr von Prof. d'Annone erhobene Klage auf Herausgabe des Kabinets gab Weiss eine ausführliche Klagbeantwortung ein, worin er alle seine Rechte begründete, schliesslich aber beifügte, dass er wegen seines hohen Alters, allerhand Geschäften und besonders um dem Verdruss eines Prozesses auszuweichen, sich seines Rechtes gänzlich begebe und auch bereits der Fäschischen Familie dieses ihm anvertraute Fideicommiss wieder zurückgegeben habe. In Folge davon erkannte das Stadtgericht am 2. Juni, dass die Universität mit ihrer Anforderung an die Herren Oberinspektoren der Fäschischen Ehrenfamille solle gewiesen sein.

Der nun folgende Prozess mit der Familie Fäsch endete zu Ungunsten der Universität, nachdem er über ein Jahr geschwebt hatte. Die Klage wurde am 12. Juli 1774 eingereicht, dann scheinen aber wieder Vergleichsanerbietungen erfolgt zu sein, in der Regenzsitzung vom 10. Mai 1775 wird vorgetragen, es verlaute, die Fäschische Familie wolle mit der Universität einen Vergleich über gemeinschaftliche Verwaltung des Fäschischen Museums eingehen, so dass die Regenz ein Inventar des Kabinets und einen Schlüssel dazu erhielte und jährlich gemeinsame Revision stattfände Die Regenz fand aber diese Propositionen nicht annehmbar und beschloss den Richterspruch zu erwarten. Dieser erfolgte am 12. Dezember 1775 und lautete: „Dass der Fall des 5. Paragraphi des Fäschischen Testaments, nach welchem L. Universität zu der Verwaltung der Stiftung gerufen wird, nicht vorhanden, die Universität also mit ihrem dermaligen Ansuchen abgewiesen werde, und solle die Fäschische famille nach Anleitung dieses 5. Artikels die Verwaltung des Kabinets und dieser Stiftung mit Jemand aus ihrem Geschlecht, der dazu tüchtig ist, ohne ferneren Verzug versehen. Kösten kompensiert."

Die Regenz stellte gegen dieses Urteil ein Revisionsbegehren an den Rat, der aber am 22. Mai 1776 erkannte: „Ist in dieser Sache wohl gesprochen und übel revidiert, die Kosten sind compensiert und das Succumbenzgeld soll zurückgegeben werden."

Nach dem Urteil hatte nun die Fäschische Familie einen Verwalter zu bestimmen. Darüber wurde in der Regenzsitzung vom 3. Juli 1776 berichtet, es verlaute, die Familie habe zum Verwalter einen jungen Knaben von 14 à 16 Jahren vorgeschlagen; dadurch habe sie sattsam zu erkennen gegeben, dass sie bei ihrer famille niemand tüchtigen habe, dem sie diese Verwaltung auflegen können. Die Regenz wandte sich daher an die Regierung mit der „getrosten Hoffnung, es werden UGnHerren nun keinen Anstand mehr finden, die Auslieferung des Kabinets zu erkennen." Aber eine Ratserkanntnis vom 6. Juli 1776 überliess es den Oberinspektoren des Fäschischen Familienlegats, den H. Deputat Fäsch in den Besitz des Kabinets zu setzen. Das wollte sich die Regenz nicht gefallen lassen, weil H. Dep. Fäsch nicht als ein tüchtiger Verwalter anzusehen sei, und beauftragte den Prof. d'Annone zu neuen gerichtlichen Schritten. Dieser berichtete in der Regenzsitzung vom 5. August 1776, der Herr Deputat Fäsch habe ihm erklärt, wenn es von ihme dependierte, so wolte er herzlich gern E. lobl. Universität dieses Fäschische Cabinet zukommen lassen, indeme ihme dessen Verwaltung mehr beschwärlich als erfreülich, er sich auch keineswegs dafür ausgebe, die nöthigen Kenntnisse zu besitzen, um dieses Cabinet vorweisen zu können. Allein da dieses Cabinet so genau mit der Besitzung des Hauses verknüpft, so wisse er nicht, ob es angehen könne. Er wolle aber das (von d'Annone) an ihn gestellte Begehren den Herren Oberinspektoren referieren, bäte sich aber dazu ungefähr vier Wochen Zeit aus, indem er dermalen auf dem Lande wohnhaft sei und wirklich in einer Cur begriffen. Die Regenz wandte sich nochmals an den Rat, der aber am 31. August erkannte: „Lassen es MGnHerren bei der Revisionsurteil und der Erkanntnis vom 13. (6.?) Julii bewenden, und kann H. Deputat Fäsch beides sowohl das Fäschische Haus als auch die Besorgung des Cabinets lebenslänglich ruhig besitzen und verwalten." Die Regenz beschloss darauf, da nach obiger Ratserkanntnis von dem Rate nichts Günstiges mehr zu hoffen sei, solle man sich an das Stadtgericht wenden und die Vollziehung des Gerichtsurteils begehren und anfragen, ob demselben Fäschischerseits ein Genügen geleistet worden und ob H. Deputat Fäsch diejenige Person sei, die zu Verwaltung dieses Kabinets tüchtig. Das Stadtgericht sprach am 22. Oktober 1776: „Lassen es MHGHerren bey den ergangenen Erkanntnussen bewenden und wann E. Lobl. Universität noch etwas angelegen, so mag sie sich an UGnHerren E. E. W. W. Raths wenden." Die Regenz gab aber jetzt nach und beschloss mit fernerem Procedieren einzuhalten, da sie jetzt alles versucht habe und aussert aller Verantwortung sei.

Als Abschluss dieses Dramas mag folgende Mitteilung aus dem Regenzprotokoll vom 4. Juli 1777 hier bemerkt werden:

Berathen, was man dem H. Prof. d'Annone für seine Führung des Processes geben solle. Zuerst wollte man 12 Louisd'or oder Silbergeschirr in diesem Betrag geben, hielt aber zuletzt einhellig für anständiger, ihm Overbeck, Restes de l'ancienne Rome, 3 vol. fol. la Haye 1763 anzubieten. Sie triduo post factum est.

Die Waffen ruhten nun bis zu dem im Februar 1817 eintretenden Tode des Prof. Dr. iur. Joh. Rud. Fäsch, von dem Lutz in seiner Geschichte der Universität S. 168 rühmt, er habe sich durch neue geschmackvolle Anordnung des Kabinets und durch ungemeine Gefälligkeit, womit er Fremde aufnahm, zu seinem Ruhme ausgezeichnet. Wieder war kein Doctor iuris Fäschischen Geschlechts vorhanden, die Regenz stand aber offenbar noch unter dem Schrecken des letzten Prozesses, und schwankte daher in ihren Entschlüssen hin und her. Am 10. Februar 1817 wurde der Regenz der Tod des Prof. Fäsch angezeigt, „bei welcher Gelegenheit vieles wegen des Fäschischen Cabinets gesprochen wird." Aber ein volles Jahr liess man die Sache ruhen, erst am 16. März 1818 kam sie in der Regenz wieder zur Sprache: es habe sich seit dem Tode des Prof. Fäsch niemand aus der Fäschischen Familie gezeigt, der die erforderlichen Qualitäten besitze, das Fäschische Kabinet zu besorgen, es solle also dem H. Pfarrer Fäsch in Kleinbasel zu Handen der Fäschischen Familie angezeigt werden, dass die Regenz das Kabinet für die Universität reklamiere. Herr Pfarrer Fäsch antwortete sofort: es sei noch nicht der Fall, wo die Regenz auf das Kabinet Anspruch machen könne. Herr Herbrigmeister Fäsch j. u. cand. lebe noch, werde noch dieses Jahr den juristischen Doktorgrad annehmen und in das Fäschische Haus ziehen. Die Regenz (31. März 1818) replicierte: Der Fall sei allerdings eingetreten, etwas Aufschub lasse man sich noch gefallen, Herr Herbrigmeister Fäsch solle sich angelegen sein lassen, den Doktorgrad bis Anfangs Septembris zu erhalten und das Haus zu beziehen, widrigenfalls werde sich die Regenz in dieser Sache sogleich verwenden und von gehöriger Behörde einen Spruch ergehen lassen. Am 6 November 1818 beschloss sie, da der dem Herbrigmeister Fäsch am 31. März gesetzte Termin, um sich zur Uebernahme des Fäschischen Musei in gehörigen Stand zu setzen, seit mehr als einem Monat verflossen sei, so solle die Sache E. Hochlöbl. Erziehungsrate beratungsweise vorgetragen werden. Der Erziehungsrat brachte die Sache an die Regierung, und diese wies die Regenz an, ihre Ansprüche auf das Fäschische Museum vor dem ordentlichen Zivilrichter geltend zu machen. Nun beauftragte die Regenz am 4. Dezember den Notarius academicus, den Prozess unzuheben, und die Herren Rektor (Joh. Rud. Burckhardt), Le Grand und Huber, den Advokaten gehörig zu instruieren. Da machte Herbergmeister Fäsch die Anzeige, dass er bestimmt bis Ende Februar 1819 den gradum doctoris in utroque iure annehmen werde, und dass er hoffe, durch diese Anzeige dem angedrohten Prozesse zuvorzukommen. Die Regenz trat darauf nicht ein: sie könne dadurch nicht bewogen werden, die bestimmte Weisung der Regierung nicht zu befolgen, und dürfe keinen Aufschub mehr gestatten. Aber die Sache rückte doch nicht vom Flecke. Im April 1819 zeigte Herbergmeister Fäsch an, er sei nächstens bereit, pro gradu doctoris zu disputieren, der Rektor möge ihm nur einen promotorem anzeigen, da H. Prof. Le Grand, der sich durch die Auskündung seiner Stelle beleidigt fühle, diese Promotion nicht übernehmen wolle. In der Regenzsitzung vom 26. April 1819 kam dies zur Sprache. Le Grand, durch die Auskündung seiner Professur erbittert, wollte nichts mehr mit rebus academicis zu schaffen haben. Der akademische Senat hatte es dem Gutfinden der Regenz überlassen, wer den Notar Fäsch zum Doctor iuris creieren solle. Die Regenz fasste keinen Beschluss. Die Erklärung für dieses ratlose Zaudern giebt das Regenzprotokoll vom 25. Juni 1819: Der Rektor schlägt vor, in der Sache des Fäschischen Kabinets andere Massregeln zu ergreifen. Vor dem Richter sei nämlich nichts auszurichten, wie der Advokat Herr Licentiat Schmid versichert, und man wolle kein Geld an einen vergeblichen Prozess verschwenden. Da die Regenz gegen die Fäschische Familie nichts vermöge, solle sie die Regierung angehen, sie möge dem Herbrigmeister insinuieren, Doctor iuris zu werden, um sich zur Besitznahme des Museums zu qualifizieren. Es sei dies nötig, indem das versiegelte Museum nicht benutzt werden könne. Die Regenz beschloss: es solle noch gewartet werden, bis der neugewählte Professor iuris Basil. Johann Rudolf Schnell j. u. c. und bisher Präsident des Zivilgerichts und des Kriminaltribunals angetreten habe, wodurch die (freilich nur nichtige)[1] Entschuldigung des H. Herbrigmeisters Fäsch, als seye niemand da, der ihm den Doktorhut aufsetze, wegfalle. Erfolge dann von ihm kein Schritt zum Doktorgrade, so solle weiter beraten werden.

Nachdem Prof. Schnell im Dezember 1819 (s. Note 1) den Doktorgrad erworben hatte, wäre ein Promotor für Notar Fäsch vorhanden gewesen. Aber dieser war doch immer

---

[1] So ganz nichtig war diese Entschuldigung denn doch nicht, denn als Prof. Schnell zum Doktor promovieren wollte, war man sehr verlegen, wie das zu machen sei. Vergl. Regenzprotokoll vom 20. November 1819: Prof. Schnell wünscht gradum doctoris in utroque iure anzunehmen, und da dies ein actus academicus sei, so fragt er an, wie er sich dabei zu verhalten habe. Erkannt: In Erwägung, dass keine juristische Fakultät vorhanden sei (ausser ihm selbst), aus deren Decret der actus vorzunehmen, und dass die auctoritas procerum academiae gefüglich das Decret einer Fakultät supplieren könne: dass zur Creation eines Doctoris ein Doctor derselben Fakultät wirksam sein müsse, und das Diplom von dem Präsidenten der Fakultät müsse ausgestellt werden; endlich, dass der Kanzler der Universität gar wohl die vices eines decani ausüben könne; Soll der Rektor dem Kanzler die Sache vortragen und ihn ersuchen, die Creation und Unterschrift des Diploms zu besorgen. — Die Kuratel bewilligte das und der Kanzler creierte am 9. Dezember 1819 den Professor Schnell zum doctor iuris utrinsque.

noch nicht bereit, und die Regenz andrerseits fürchtete sich vor dem Prozess, denn ihr Advokat Licentiat Schmid hatte ihr die Akten mit dem Bemerken zurückgeschickt, er rate nicht, einen Prozess anzufangen, worauf die Papiere dem Prof. Schnell zu näherer Prüfung übergeben worden. Erst am 13. Februar 1821 trug der Rektor wieder der Regenz vor, ob sie nicht die Ansprüche auf das Fäschische Kabinet erneuern solle, da es Herrn Herbrigmeister Fäsch ohngeacht des langen Zeitraums seit dem Absterben des II. Prof. Fäsch kein Ernst zu sein scheine, sich zur Uebernahme dieses kostbaren Kunstkabinets zu qualifizieren, sodass dasselbe immer noch unbenutzt und dem Schaden ausgesetzt verschlossen und versiegelt bleibe. Die Regenz beschloss: Solle allerdings mit Beschleunigung eine Provokation geschehen, ob Jemand von Fäschischer Familie Anspruch an dieses Fideicommiss mache, und sodann das Weitere verfügt werden. Die Kuratel solle um ihre Gedanken hierüber ersucht werden.

Die Kuratel antwortete, E. E. Regenz solle mit der Betreibung dieser Sache fortfahren und die nötigen Schritte vor dem Richter thun, um ihre gerechten Ansprüche ohne längeren Verzug geltend zu machen. Darauf wurden (26. Februar 1821) die Prof. Schnell und Huber ersucht, sich darüber zu beraten und sich allenfalls noch eine dritte der Rechten kundige Person zuzugesellen.

Das Resultat war endlich die Anrufung des Richters. Am 10. Juli 1821 klagte die Universität, vertreten durch Notar Dietz, gegen Pfarrer Fäsch zu St. Theodor als Vorsteher der E. Fäschischen familie vor Zivilgericht auf Auslieferung des Kabinets. Der Anspruch wurde wie schon im Prozess von 1774 damit begründet, dass laut Art. 5 des Testaments das Kabinet der Universität anheimgefallen sei, da kein nach den Worten und dem Sinn des Testamentes qualifizierter Herr Fäsch, d. h. kein doctor iuris Fäschischer Familie, vorhanden sei. Die Gerichtsverhandlung war auf den 4. September 1821 angesetzt. Am 3. September erhielt der Rektor folgendes Schreiben des H. Pfarrer Fäsch:

Weil morgen 4. September der Prozess soll plädiert werden, finde nöthig Ihnen anzuzeigen, dass H Herbrigmeister Fäsch die vorige Woche in Freiburg gewesen und sich für den Gradum iuris utriusque doctoris hat examinieren lassen. Das Doktordiplom wird am Ende dieser Woche Ihnen übersandt werden, indessen erhalten Sie eine Abschrift des Attestats der juridischen Facultät in Freiburg. Herr Herbrigmeister besitzt nun das Hauptrequisitum, um die Verwaltung des Fäschischen Musei zu übernehmen, und dringt desswegen darauf, dass die lnsigel löbl. Universität von dem Museo geholen und das Nöthige wegen der Uebergabe veranstaltet werde.

In der Verhandlung vom 4. September machte der Anwalt der Beklagten, Licentiat Niklaus Bernoulli, geltend: So beharrlich im 2. und 3. Artikel des Testaments der Doktorgrad *für diese Linien* ausdrücklich genannt wird, so ist doch im 4. am Ende, wo *von den übrigen Verwandten insgesammt* gesprochen wird, keine Rede mehr davon, sondern in

Abgang der genannten Brüder, ihrer Descendenz und des Vetters Joh. Rud. Battier wird überhaupt ein Fäsch gerufen, der die erforderlichen Requisite habe, und im 5. wird das Kabinet der Universität auf den Fall vermacht, wenn kein *tüchtiger* Verwalter Fäschischen Namens könne gefunden werden. Das Wort *tüchtig* begreift nicht beide Erfordernisse, den Doktorgrad und die sonstige Fähigkeit zur Verwaltung, sondern nur die letztere. Uebrigens ist Herbrigmeister Fäsch jetzt doctor iuris und somit auch dieses Erfordernis, wenn es überhaupt bestände, erfüllt. Die Hauptsache aber ist, dass die Gerichte schon 1775 unsere Auslegung des Testaments als richtig anerkannt haben, folglich res judicata vorhanden ist.

Das Zivilgericht nahm das Urteil in Bedacht und beschloss ein Rechtsgutachten einzuholen. Hiefür wandte es sich an die Berner Professor Dr. Samuel Ludwig Schnell (den Redaktor des Berner Zivilgesetzbuches) und Oberstlieut. K. Koch, die am 3. Juni 1822 ihr Gutachten zu Gunsten der Universität abgaben. Es ist so einleuchtend, dass die Hauptsache daraus der Mitteilung wert ist. Eine Haupteigenschaft (sagt es), wonach der Stifter die Tüchtigkeit bemessen, ist die juridische Doktorwürde, wie dies aus Art. 2, 3 und 4 der Verfügung deutlich hervorgeht. Denn da er im Art. 2 die Kinder seines Neffen Sebastian, die gleichfalls capable sein und den Gradum doctoris in beiden Rechten erlangt haben würden, zu der Substitution ruft und im folgenden Artikel diejenigen derselben davon ausschliesst, welche zu selbiger Zeit nicht qualifiziert und Doktor wären, auch in Art. 4 die Söhne seines Bruders Joh. Ludwig gleichfalls nur unter der Bedingung zur Substitution ruft, als einer oder der andere den Gradum doctoris haben würde, so ist kein Zweifel, dass der Testierer die juridische Doktorwürde unter den „erforderten Requisiten" verstanden, unter welchen die übrigen Personen des Geschlechts Fäsch zu der Substitution gelangen können, sowie auch dass der Ausdruck tüchtig in Art. 5 sich notwendig auch auf die Doktorwürde beziehe. Somit ist bei Tod des Prof. Fäsch diese Bedingung nicht erfüllt gewesen.

Der Umstand, dass die Universität nicht gleich nach des Prof. Fäsch Tod von ihrem Rechte Gebrauch gemacht, sondern grossmütiger Weise der Familie Fäsch noch Zeit gestattet hat, eines ihrer Mitglieder zur Verwaltung des Kabinets qualifizieren zu lassen, kann ihrem Rechte um so weniger nachteilig sein, als schon vor ihrem ersten Auftritt vor Gericht die Zeit verstrichen war, das Versäumte nachzuholen und das bereits verlorene Recht wieder zu erwerben, und diese Frist ohne ihre Einwilligung nicht verlängert werden konnte.

Res judicata liegt nicht vor, weil das Urteil von 1775 bei Anlass einer *andern* Vakanz gesprochen worden und seinen Worten nach ausdrücklich darauf beschränkt ist: „Die Universität sei mit ihren *dermaligen* Begehren abgewiesen." Die *diesmalige* Vakanz ist nicht nach jenem Urteil zu beurteilen, sondern nach der gleichen Regel, auf welche sich der Richter schon bei seinem Urteil berufen hat, und die durch eine allenfalls unrichtige Anwendung von seiner Seite ebensowenig abgeändert werden konnte, als durch ein unrichtiges Urteil ein Gesetz abgeändert wird.

Die Lage der Dinge, wie sie sich am 10. Juli 1821 befand, als die Universität ihren Anspruch rechtshängig machte, konnte durch eine spätere Parteihandlung (Erwerb des Doktorgrades) nicht verändert werden. Die Promotion des Herbrigmeisters Fäsch fand erst drei Tage nach der Beantwortung der Klage statt. Wäre sie aber auch früher vor sich gegangen, so hätte sie doch nie auf die Beurteilung des Rechtsfalles einwirken können, wenn sie erst nach Ablauf des von der Universität gesetzten Termins stattgehabt.

Am 21. Oktober 1822 wies das Zivilgericht trotzdem die Klage ab: da das Tribunal findet, dass der Fall des fünften Artikels der fideicommissarischen Verfügung des sel. Herrn Doktor Remigius Fäsch vom 24. Hornung 1667 nicht vorhanden seye, nach welchem löbl. Universität in den Besitzstand des befraglichen Musei könne gesetzt werden, so ist löbl. Universität als Kläger dermalen mit ihrem Begehren aus dem Rechten gewiesen. Hingegen soll die respective Fäschische famille als Beklagte ohnverzüglich dafür sorgen, dass dieses Museum nach dem buchstäblichen Sinn des Testaments also verwaltet werde, dass der Verwalter desselben zugleich auch seine beständige Wohnung in dem Fideicommisshaus auf dem St. Peters Platz aufschlage. Die Kosten sind compensiert.

Die Regenz appellierte und das Appellationsgericht fällte am 20. März 1823 den Spruch: Uebel gesprochen und wohl appelliert und sind dieseumnach die Fäschischen Siegel von dem von H. Dr. Remigius Fäsch gestifteten Musäum abzunehmen und das Musäum selbst nach dem Sinn des von dem Stifter unterm 24. Hornungs 1667 errichteten Testaments der getreuen Verwaltung der Universität zu übergeben. Die Appellationskosten sind compensiert.

So war denn endlich das Fäschische Kabinet erstritten. Einige Reklamationen der Fäschischen Erben wurden in Güte verglichen. Sie verlangten nämlich die von Prof. Fäsch angeschafften Kupferstiche, die er dem Museum nur für den Fall, dass es bei der Familie bleibe, einverleibt habe. Nach langen Verhandlungen, in denen die meisten Erben schliesslich verzichteten, blieb nur der Tapezierer Fäsch widerhaarig, der dann mit 30 Louisd'or abgefunden wurde. Die Kosten für Erwerb des Museums beliefen sich auf 2200 Fr. (Prozess-, Auszugs-, Einrichtungs-, Instandstellungskosten), woran die Regierung auf Ansuchen der Regenz 1000 Fr. bewilligte.

Was war nun der Siegespreis? Uns interessiert hier vorab die Bibliothek. Die darüber vorhandenen Kataloge weisen eine Anzahl von gegen 5000 Bänden aus allen Wissenschaften auf, wovon ein grosser Teil wertvolle Manuskripte sind; am reichsten vertreten sind die Fächer der Jurisprudenz und der Philologie, und die in unserer Bibliothek reichhaltig vorhandene juristische Litteratur des 17. Jahrhunderts ist wesentlich dem Zuwachse des Fäschischen Kabinets zu verdanken. Viele schlimme Lücken sind durch diese Erwerbung ausgefüllt worden. Es war schon der Bibliothek wegen wohl der Mühe wert, so ernstlich darum zu kämpfen

Zur Einordnung des Fäschischen Bücherschatzes und der noch nicht eingereihten Teile der d'Annoneschen und Lachenalschen Bibliotheken in den Bücherbestand beantragte die Bibliothekskommission, wohl auch mit Rücksicht auf das Alter des Bibliothekars Huber, die Anstellung eines Gehilfen auf 2 oder 3 Jahre mit jährlicher Besoldung von 240 Franken. Die Regenz empfahl dies dem Erziehungsrat. Indessen findet sich nicht, dass damals entsprochen worden. Erst am 15. April 1827 zeigt die Kuratel an, H. Prof. Huber habe sich bereit erklärt, von seinem Gehalt 500 Fr. für einen an den anzustellenden Gehilfen zu zahlenden Gehalt zu cedieren. Huber legte auch ein Reglement vor, wonach der Gehilfe täglich drei Stunden auf der Bibliothek arbeiten und während der Oeffnungszeit Bücher ausgeben sollte, und empfahl hiefür Herrn Pfarrer Preiswerk, den aber die Regenz als nicht geeignet ablehnte. Am 13. September 1827 schlug dann Huber den Cand. Remigius Meyer vor, der als Gehilfe von der Regenz bestätigt wurde. In der nächsten Sitzung bei Verlesung des Protokolls protestierte Huber gegen diese Fassung, die Regenz habe nichts zu bestätigen gehabt, er habe den H. Meyer auf seine Gefahr und unter seiner Verantwortlichkeit angenommen und der Regenz hievon aus schuldiger Achtung lediglich eine Anzeige gemacht. Darauf wandte sich aber die Regenz an die Kuratel um Auskunft, da sie (die Kuratel) ihr aufgegeben habe, den von H. Huber vorzuschlagenden Bibliotheksgehilfen zu prüfen und zu bestätigen, und die Kuratel gab den Bescheid, die Regenz sei allerdings dazu berechtigt gewesen.

Am 3. Dezember 1829 starb Daniel Huber. Er hinterliess durch Vermächtnis dem Freistaate Basel, „dessen Angehöriger zu sein er sich zeitlebens höchst glücklich gefühlt habe", seine grosse, zumal in den Fächern der Mathematik und der Physik ungemein reiche, 12500 Bände starke Bibliothek mit der Bestimmung, dass sie mit der Universitätsbibliothek vereinigt werden solle.

Die Regenz war im Zweifel, ob sie gemäss dem neuen Universitätsgesetz einfach die Wahl des neuen Bibliothekars vornehmen könne; sie richtete unter dem 7. Dezember 1829 eine bezügliche Anfrage an die Kuratel und wurde von dieser zunächst beauftragt, eine Amtsordnung für den Bibliothekar zu entwerfen. Sie betraute daher vorläufig den Professor F. D. Gerlach mit der interimistischen Besorgung der Bibliotheksgeschäfte. In der Regenzsitzung vom 27. Mai 1830 kam die Antwort der Kuratel auf die Vorschläge der Regenz zur Verlesung. Die Kuratel schrieb: die Wahl eines Bibliothekars sei durch den akademischen Senat unter Anwendung des absoluten Stimmenmehrs und zwar aus der Mitte der ordentlichen Professoren vorzunehmen und dem Erziehungsrate zur Bestätigung vorzulegen. Dem Bibliothekar bleibe die bisherige Kompetenz von Fr. 16 per annum und der Schönauerhof als Amtswohnung. Die von der Regenz vorgelegte Bibliotheksordnung solle genehmigt, der neugewählte Bibliothekar auf sie ins Handgelübde genommen und ihm aufgetragen werden, förderlichst ein Verzeichnis über das Münzkabinet, die Handschriften, Gemälde und Kupferstiche zu verfertigen. Die Anstellung eines Gehülfen auf drei Jahre mit 800 Fr. Besoldung sei bewilligt. Diese Punkte seien vom Rat am 1. April genehmigt worden. Der Bericht der Regenz über eine zweckmässige Einrichtung der Bibliothek werde gewärtigt.

Am 30. Juni 1830 wurde in der Senatssitzung als Bibliothekar gewählt Professor F. D. Gerlach und nach Genehmigung durch den Erziehungsrat vom Rektor in der Regenzsitzung vom 8. Juli in Eid und Pflicht genommen.

Die im Schreiben der Kuratel erwähnte Amtsordnung (ins Regenzprotokoll eingetragen) verpflichtet den Bibliothekar, wöchentlich acht Stunden auf der Bibliothek zu arbeiten, nämlich Montags und Donnerstags von 1-3 Uhr und an den übrigen Wochentagen von 1—2 Uhr, ausserdem bei Anwesenheit fremder Gelehrten und Kunstkenner billigen Wünschen gerne Rechnung zu tragen und überhaupt zur vielfältigen Benutzung der Bibliothek gern Hand zu bieten. Die Rechnungsführung dagegen liess die Amtsordnung wie bisher bei dem nach alter Gewohnheit als zweitem Bibliothekar bezeichneten Kommissionsmitgliede aus der theologischen Fakultät. Eine gleichzeitig erlassene Ordnung für den Gehülfen überband diesem vorzugsweise die neue Katalogisierung und bequeme Aufstellung der Bücher nach Kräften zu fördern und zu diesem Ende täglich vier Stunden (10-12 und 2—4 Uhr) auf der Bibliothek zu arbeiten. Endlich das von der Kuratel verlangte Bibliotheksreglement wurde in der durch Gerlach redigierten Fassung von der Regenz am 21. Oktober 1830 angenommen und nach Genehmigung der Kuratel gedruckt.

Das Fäschische Kabinet und die Hubersche Büchersammlung hatten der Bibliothek einen Zuwachs von mehr als 16 000 Bänden gebracht. In Folge davon machte sich der Raummangel in der Mücke fühlbar. Die Regenz richtete ihr Augenmerk auf das neben der Mücke gelegene, die Ecke von Münsterplatz und Schlüsselberg bildende Gebäude der Lesegesellschaft, der Reinacher Hof genannt, und ersuchte, nachdem die fisci hiefür jährliche Beiträge in Aussicht gestellt hatten, die Behörden um Ermächtigung zu dessen Ankauf Der Rat gab der Universität Handöffnung, den Ankauf des Reinacher Hofes zum Behuf der öffentlichen Bibliothek aus dem Universitätsfonds vorzunehmen, und am 26. Dezember 1831 beschloss die Regenz, den Kauf um die von der Lesegesellschaft verlangte Summe von 41 000 Schweizerfranken, zahlbar bis 15. April 1832, abzuschliessen. Sofort warf man sich mit Eifer auf die Frage der Verwendung dieses Gebäudes zu Bibliothekszwecken; schon am 24. Mai 1832 lagen der Regenz Pläne des Architekten Stehlin für Verbindung der Bibliothek mit dem Reinacher Hof vor, die dem Deputatenamt zur Ausführung empfohlen wurden. Weiter war projektiert, dass der Bibliothekar seine Amtswohnung im Reinacher Hof nehmen solle, wogegen dann dessen bisherige Wohnung im Schönauer Hof, falls sie der Regenz zur Verfügung gestellt bleibe, für 400 Fr. an Prof. DeWette vermietet werde, und dass sämtliche Kunstschätze in den Reinacher Hof verlegt werden, was die Kuratel auch am 6. Mai 1833 genehmigte. Aber alle diese Projekte brachen zusammen, als die Niederlage der Stadt im Kampf gegen die Landschaft am 3. August 1833 die Trennung der beiden Kantonsteile und in Folge davon die Teilung des Staatsvermögens herbeiführte. Bekanntlich wurde auch das Universitätsgut von dem eidgenössischen Schiedsgerichte als Teil des Staatsguts erklärt und musste somit nach den Schiedsgerichtsurteilen vom 9. November 1833 und 10. Juni 1834 im Verhältnis der Bevölkerungszahl zu 36 %, für die Stadt und 64 %, für die Landschaft geteilt werden, was der Schiedsspruch vom 6. August 1834 dahin präzisierte, dass das gesamte Universitätsgut unter der Verpflichtung, es seiner Bestimmung getreulich zu erhalten, dem Stadtteil ausschliesslich zugeteilt wurde und dieser den ausgemittelten Gesamtwert von Fr. 621 060 um 25 % reduziert in die Teilung einwerfen, also zu 64 %, an die Landschaft bezahlen musste. Zu dem Universitätgut gehörte auch die Bibliothek. Zur Ermittlung ihres Wertes wurden für die Bücher und für die Kunstgegenstände gesondert zwei Expertenkommissionen ernannt, für die jede Partei je zwei Mitglieder bezeichnete. Der Stadtteil wählte als Experten für die Bibliothek die Herrn Pfarrer und Kirchenrat Vögelin und Prof. Horner, beide von Zürich, und die Landschaft die Herrn Prof J. C. von Orelli und Baiter, beide von Zürich. Laut einer am 16. September 1834 aufgezeichneten Notiz des Bibliotheksgehilfen R. Meyer (Staatsarchiv, Erziehungsakten DD 2) zählte die Bibliothek damals an gedruckten Büchern 43 974 Bände, das Expertengutachten legte die Zahl von beiläufig 1500 Manuskripten und 44 000 gedruckten Bänden zu Grunde und gelangte in einem einstimmigen Anschlage zu einem Werte von 55 000 Franken. Die Summe scheint mir mit der einlässlichen Motivierung des Expertengutachtens nicht recht zu stimmen. Das Gutachten[1]) urteilt über die Bibliothek ziemlich abschätzig, allerdings grossenteils mit Recht, indem es hauptsächlich hervorhebt, dass die Erwerbungen nie planmässig betrieben worden, sondern mehr von Zufälligkeiten abhängig gewesen seien, daher keine gleichmässige Besetzung der wissenschaftlichen Fächer vorliege und begonnene Zeitschriftenserien nicht fortgesetzt seien; mit besonderer Ausführlichkeit werden die Unvollständigkeiten aller Fächer dargelegt. Darnach wundert man sich, dass dennoch die Summe von 55 000 Fr. herauskam. Diese wurde so begründet: Ein Freund der Wissenschaften, der eine besondere Vorliebe für die Handschriften griechischer und lateinischer Klassiker, des neuen Testaments und griechischer Kirchenväter, für philologische und juristische Inkunabeln, für Aldinen, Juntinen, Stephanianen, Edd. in usum Delphini, überhaupt für litterarische Seltenheiten jeder Art hegte, etwa 12 000 Bände für sich behielte und das übrige für ihn Wertlose verschenkte

---

[1]) Zum kleineren Teile gedruckt in den Verhandlungen über die Teilungsfrage in Betreff der Universität Basel von Fr. v. Tscharner. Heft 2 (Chur 1835) S. 7 ff.

oder veräusserte, könnte 55 000 Fr. erlegen, ebensoviel dürfte auch ein Antiquar, wiewohl ohne Gewissheit eines namhaften Gewinnes, anbieten. Von dieser Summe wurden gemäss schiedsrichterlicher Instruktion, welche eine Ermässigung nach billigem Ermessen analog einer Teilung unter Brüdern vorschrieb, 20 %, abgezogen und weitere 20 %, für die der Stadt obliegende Last der Ergänzung der Defekte, Katalogisierung, Verwaltung, Erweiterung der Bibliothek, so dass man auf die Teilungssumme von 33 000 Fr. gelangte.

Besser ist die Stadt bei der Wertung der Kunstsammlung weggekommen. Die baselstädtischen Experten (Sigmund Wagner von Bern und Armand von Werth von Bern) schätzten sie auf 16 000 Franken, die der Landschaft (Wilh. Füssli und Wilh. Hof von Zürich) auf 113 000 Franken, der vom Schiedsgerichte ernannte Oberexperte Bernhard Keller von Schaffhausen entschied für 22 000 Franken.

Diese nach heutigem Massstabe lächerliche Summe macht einigermassen erklärlich, dass man den Erwerb der goldenen Altartafel versäumte. Das Alte galt damals nichts, oder es fehlte die Kaufkraft, nicht nur bei uns, sondern überall. Und wäre damals schon für die alte Kunst das gleiche Interesse rege oder die gleiche Kaufkraft vorhanden gewesen wie heut zu Tage, so hätten wir nicht nur die goldene Altartafel verloren, sondern die Werke Holbeins wären auf Unsummen geschätzt worden, die uns kaum ermöglicht hätten, sie uns zu erhalten.

* * *

Durch die Teilung des Universitätsvermögens war die Fortexistenz der Universität in Frage gestellt. Dass es unter dem Einfluss ideal gesinnter Männer (ich darf unter diesen als besonders erwähnenswert meinen Vater nennen) gelang, sie zu erhalten und, wenn auch in Beschränkung auf das Notwendigste, fortzuführen, wird der Stadt immer zur Ehre gereichen. Vom 19. April 1835 datiert das Gesetz, das der Universität ihre neue Organisation gab, und vom 6. April 1836 das Gesetz über Verwaltung und Verwendung des Universitätsgutes. Das letztere beliess die Verwaltung in der Hand der Regenz unter jährlicher Ablegung der Rechnung an die Erziehungsbehörden und definitiver Genehmigung derselben durch den Grossen Rat. Die verschiedenen Fonds, die bisher gesondert verwaltet worden waren, wurden nun unter die einheitliche Verwaltung eines einzigen curator fiscorum gestellt, aber mit kleinen Ausnahmen in der Rechnung getrennt gehalten. Der fiscus bibliothecae, der uns hier einzig interessiert, und der auf 31. Dezember 1836 den Betrag von 54 683 Fr a. W. aufwies, blieb also für diese Anstalt ausschliesslich verwendbar, und bis zum Jahre 1870 war sogar die Rechnung der Bibliothek mit der Rechnung des Universitätsvermögens verschmolzen, was wohl seine Erklärung darin findet, dass der curator fiscorum Prof. Rudolf Merian die Rechnung lieber selber aufstellte als sie durch den in Rechnungssachen nicht sehr gewandten

Bibliothekar Gerlach anfertigen liess. Mit 1871 hörte das auf, der Ertrag des fiscus wird an die Bibliothek abgeliefert, die nun selbständige Rechnung führt.

Ueber die Verwaltung der Bibliothek bestimmte das Gesetz vom 6. April 1836 in § 5: „Die öffentliche Bibliothek und das Münzkabinet stehen unter einer aus wenigstens fünf Mitgliedern bestehenden Kommission, unter denen der Bibliothekar ist. Der Bibliothekar geniesst als Entschädigung freie Wohnung oder ein angemessenes Aequivalent, und die bisherigen 32 Fr. aus dem Universitätsgute. Seine Ordnung wird von der Regenz entworfen und vom Erziehungskollegium genehmigt. Er wird aus der Mitte der ordentlichen Professoren auf doppelten Vorschlag der Kuratel vom Erziehungskollegium ernannt. Die Bibliothek ist für ihre Vermehrung und Erweiterung auf den dazu bestimmten Fond verwiesen."

Die Kunstsammlung wurde unter eine besondere Kommission von drei Mitgliedern gestellt und damit ihre sehr wünschenswerte Trennung von der Bibliothek wenigstens bezüglich der Verwaltung vollzogen. Man dachte auch an eine räumliche Absonderung, der Präsident der Kommission, Prof. DeWette, zeigte in der Regenzsitzung vom 23. Juni 1836 an, es habe die Kommission beschlossen, eine Berechnung anzustellen, wie viel Raum in dem neuen Universitätsgebäude für die Kunstsammlungen ausbedungen werden solle. Das kam freilich noch zehn Jahre zu früh.

Das in § 5 des Gesetzes vom 6. April 1836 geforderte Bibliotheksreglement wurde von der Regenz entworfen und enthielt im Wesentlichen folgende Vorschriften:

Die Bibliothekskommission hat die Verwaltung der Bibliothek, ernennt und entlässt auf Vorschlag des Bibliothekars die Gehilfen, beschliesst die Bücheranschaffungen, muss aber für Ankauf von Werken über 160 Fr. und für Veräusserungen von Doubletten die Genehmigung der Regenz einholen. Sie hält alle zwei Monate ihre regelmässigen Sitzungen ab. Der Bibliothekar führt die Beschlüsse der Kommission aus, besonders bezüglich der Bücheranschaffungen, hat einzig die Schlüssel und kann diese nur in besonderen Fällen und mit Genehmigung der Kommission seinen Gehilfen anvertrauen. Er katalogisiert die neuangeschafften Bücher, führt das Ausleiheverzeichnis nach Namen des Entlehners und des ausgeliehenen Buches, hat halbjährlich die Revision der ausgeliehenen Bücher vorzunehmen, und wöchentlich acht Stunden auf der Bibliothek zur Besorgung der laufenden Geschäfte zu arbeiten, für ausserordentliche Arbeiten indes eine vermehrte Stundenzahl der Bibliothek zu widmen und namentlich billigen Wünschen fremder Gelehrten Rechnung zu tragen. Ferien sind die Osterferien der Schulen, Dienstag in der Karwoche bis Ostermontag. Pfingstmontag und die Woche zwischen Weihnacht und Neujahr. In den Sommer- und Herbstferien ist die Bibliothek jeden Montag nachmittags geöffnet. Der Bibliothekar führt die Rechnung.

Die Bibliothek ist für Studierende und das grössere Publikum Montag und Donnerstag von 1—3 Uhr, für Professoren und andere Gelehrte auch Dienstag und Samstag von 1—3 Uhr geöffnet. Ausgeliehen werden gegen Empfangschein alle gedruckten Bücher ausser Wörterbüchern, Glossarien, Kupferwerken, auf der Bibliothek selbst nötigen Nachschlage- und Handbüchern, und den grösseren kostbareren Ausgaben derjenigen Schriften, über welche gerade bei der Universität Vorträge gehalten werden. Bei Ausleihung der Manuskripte muss auf dem Empfangschein der Wert angegeben werden. An Fremde können dieselben nur gegen Bestellung einer angemessenen Sicherheit durch einen hiesigen Bürger mit Genehmigung der Bibliothekskommission verabfolgt werden. Bei besonders wertvollen Handschriften, wie sie in dem von der Regenz verfertigten Verzeichnisse enthalten sind, bedarf die Versendung ins Ausland ausserdem noch der Bewilligung der Regenz. Ein Desiderienbuch zur Eintragung von Wünschen soll aufliegen. Zur Erleichterung der Benützung der Bibliothek wird im Winter wie im Sommer ein Arbeitszimmer bereit sein. Ohne Erlaubnis des Bibliothekars darf niemand als Professoren und Dozenten selber die Bücher von den Schäften nehmen oder wieder hinstellen, sondern es sind die Custoden darum zu ersuchen. Niemand darf ein unter seinem Namen entlehntes Buch an einen andern abgeben, ohne dass dieser einen neuen Schein hinterlegt. Der Empfänger haftet für Beschädigung oder Verlust der entlehnten Bücher.

An diesem, von der Kuratel genehmigten Reglement beanstandete das Erziehungskollegium die Ausleihe der Handschriften, und wies diesen Paragraphen an die Regenz zurück, der Meinung, unschätzbare Handschriften sollten gar nicht ausser Basel ausgeliehen werden. Die Regenz, einem Gutachten der Bibliothekskommission sich anschliessend, erklärte sich für eine „freisinnige Mitteilung der Handschriften", mit der Reserve, einzelne besonders wertvolle Manuskripte bloss unter vermehrten Sicherheitsformen verschicken zu wollen. Dazu gab dann das Erziehungskollegium im April 1837 sein Einverständnis und genehmigte das Reglement.

In Besetzung der Bibliothekskommission beschloss die Regenz am 2. Juni 1836, die Zahl der Mitglieder auf sechs mit dreijähriger Amtsdauer festzusetzen, wovon vier aus den Fakultäten, ein fünftes frei zu wählen. Gewählt wurden theol. DeWette, jur. Beseler, med. Jung, phil. P. Merian, frei Wackernagel. Von Gesetzes wegen war sechstes Mitglied der Bibliothekar Gerlach, zugleich als Präsident gewählt.

So war nun die Verwaltung der Bibliothek neu geordnet, aber man stand doch in den ersten Jahren seit der Katastrophe von 1833 unter dem Drucke der Einbusse, die man erlitten. Die Bauprojekte im Reinacher Hof waren aufgegeben, man vermietete das Haus. Teilweis richtig war auch der Beschluss der Bibliotheks-Kommission, den Gerlach am 26. Januar 1837 der Regenz ankündigte: dass sie in Zukunft ihre Anschaffungen auf Werke bleibenden Wertes für die Litteratur beschränken und Schriften zu bloss speziellen Bearbeitungen brauchbar weniger in den Kreis ziehen werde. Ich sage *teilweise* richtig, denn

man ist doch darin zu weit gegangen, und hätte z. B. die auf die Schweiz bezügliche
Litteratur immerhin mehr berücksichtigen sollen als man wirklich gethan hat.

Die der Bibliothek in dieser Zeit zu Gebote stehenden Mittel waren allerdings immer
noch sehr bescheiden, ausser den Zinsen des fiscus bibliothecae die freiwilligen, aber sehr
reduzierten strenae und einige Gebühren von Promotionen u. dgl. Die Gesamteinnahmen
bewegen sich jährlich um die Summe von 3500 Fr., daraus liess sich freilich nicht mehr
als das Notwendigste für die an der Universität vertretenen Fächer anschaffen. So kam
es, dass z. B. in der Jurisprudenz fast nur das römische Zivilrecht berücksichtigt wurde,
und als später Lehrstühle für deutsches Recht, für Strafrecht, für Staatsrecht errichtet
wurden, musste auf ausserordentlichem Wege (durch Beihilfe der akademischen Gesellschaft u. a.) das Versäumte nachgeholt werden. Für die Naturwissenschaften sorgte in frei-
gebigster Weise Peter Merian.

Seit 1842 beschäftigte die Gemüter die auch für die Bibliothek so wichtige Frage
der Erbauung eines neuen Museums, worin auch diese Anstalt, die ja schon seit Jahren in der
Mücke sehr beengt war, eine auf längere Zeit genügende Unterkunft finden sollte. Es mag
damit in einem gewissen Zusammenhange stehen, dass die Herstellung eines neuen Gesamtkatalogs in Angriff genommen wurde. Es findet sich darüber in den Erziehungsakten DD 2
des Staatsarchivs ein Brief Gerlachs an den Kanzler der Universität vom 7. März 1845
folgenden Inhalts:

„Die Umarbeitung sämtlicher Kataloge der öffentlichen Bibliothek, welche schon
vor zwei Jahren begonnen hat, erheischt eine verdoppelte Thätigkeit Seitens der leitenden
Behörde und nimmt eine solche Summe von Zeit und Kräften in Anspruch, dass das gegen-
wärtige Personal nicht genügt. Die Einverleibung der Huberschen Bibliothek von 12 000
Bänden hat die ausschliessende Thätigkeit des damaligen Bibliothekars und des ausserordentlichen Gehilfen Dr. Rem. Meyer für drei Jahre in Anspruch genommen. Die Um-
schreibung und neue Anordnung von ungefähr 70 000 Büchertiteln erfordert jetzt eine
Kraftanstrengung, die uns veranlasst, für die Vollendung der Arbeit je 400 Fr. für drei
Jahre zu begehren. Für die Hubersche Arbeit waren je 800 Fr. für drei Jahre bewilligt
worden." Des Weiteren ersuchte Gerlach die Kuratel, dem Professor Wackernagel die
Kollationierung der gemachten Abschriften mit den gegenwärtigen Katalogen zu übertragen,
was aber der Bedachte ablehnte.

Wie aus diesem Schreiben ersichtlich, bestand die Arbeit der Hauptsache nach in
einer Uebertragung des Zwinger'schen Katalogs, in dem bisher alle Neuanschaffungen waren
nachgetragen worden, und der darüber stellenweis ausgefüllt worden war, in die neuen
Kataloge, die dem grösseren Umfange der Bibliothek gemäss auch spatioser eingerichtet
wurden. Im Wesentlichen handelte es sich also um Abschrift des Zwingerschen Katalogs
in Verbindung mit Einreibung des seitherigen Zuwachses. Die grosse Arbeit musste eben

darum eine unvollkommene und ungefreute Leistung bleiben, weil der Zwingersche Katalog doch manche Ungenauigkeiten enthielt, namentlich aber im Laufe der Zeit die Signaturen der Bücher darin durch Veränderungen und Umstellungen hie und da unsicher und unzutreffend geworden waren, und alle diese Unrichtigkeiten dann eben mit kopiert wurden. Es zeigte sich denn auch nach kaum 20 Jahren das Bedürfnis der Herstellung eines neuen von den Büchertiteln selbst abgenommenen und auf genaue Standortsverzeichnisse basierten Katalogs.

Im Jahre 1849 erfolgte die Uebersiedelung der Bibliothek in die neuen Räume des Museums an der Augustinergasse, wo auch der Bibliothekar seine Amtswohnung erhielt. Der Reinacher und der Schönauer Hof nebst der Mücke fielen dem Staat zu Eigentum und freier Verfügung anheim. Wie die Kunstsammlung, so erhielten nun auch die Antiquitäten und die Münzen in dem neuen Gebäude ihre Aufstellung in besonderen Räumen und nach Beschluss des Erziehungskollegiums eine besondere Verwaltung und Kommission. Die Bibliothek war von jetzt an rein und ausschliesslich was ihr Name besagt.

Die bauliche Einrichtung und Disposition der im Museum für die Bibliothek bestimmten Räumlichkeiten beruhte auf der damals noch vorherrschenden Vorliebe für hohe Säle, die man für monumentale Gebäude überhaupt als selbstverständlich ansah. Man ist seither für Bibliotheken von dieser Ansicht gründlich abgekommen, die Zweckmässigkeit hat die Aesthetik aus dem Felde geschlagen und das sog. Magazinsystem, das jetzt in der neuen Bibliothek durchgeführt ist, zur Herrschaft erhoben; damals nahm man keinen Anstoss an den halsbrechenden Leitern, auf denen oft von bedenklicher Höhe die Bücher heruntergeholt werden mussten. Die spatiosen Büchersäle erquickten das Auge, es schien auf lange Zeit für Unterbringung der Bücher vorgesorgt, und man freute sich des wohlgelungenen Werkes. Aber noch nach einer andern Richtung brachte das neue Museum der Bibliothek eine Morgengabe. Am Morgen nach der Hochzeit, sagt das altdeutsche Recht, macht der Ehemann seiner jungen Frau ein stattliches Geschenk. Am Tage der Einweihung des Museums wurde der Gedanke laut, einen Verein zu gründen und zu dotieren, der die im Museum untergebrachten Anstalten finanziell zu unterstützen sich zur Aufgabe stelle. Der Gedanke fiel auf empfänglichen Boden, und der Verein, Museumsverein genannt, konnte bald über Geschenke und Jahresbeiträge zahlreicher Mitglieder in ergiebigem Masse verfügen. Die Bibliothek verdankt ihm reiche Beihilfe, und zwar bis 1896 an Jahresbeiträgen, die sich seit 1883 auf Fr. 1500 per Jahr beliefen, zusammen Fr. 41 750, ausserdem aber an ausserordentlichen Beiträgen, für die der Museumsverein jeweilen, wenn es sich um Anschaffungen kostbarer Werke handelte, seine freigebige Hand öffnete, Fr. 7583.50.

Der Einzug in die neuen Räume hätte der Bibliotheksentwicklung namentlich nach der Seite einer Ermöglichung häufigerer Benutzung einen starken Impuls geben können und sollen. Darauf zielten auch direkt und indirekt zwei Beschlüsse ab, beide aus dem Mai 1849, der eine von der Regenz, ein Arbeitszimmer einzuräumen, und der andere vom Erziehungskollegium, es soi dem bisherigen Gehilfen Cand. Buxtorf wegen seiner sehr schützenswerten und unverdrossenen Dienstleistungen auf der Bibliothek der Titel eines zweiten Bibliothekars zu erteilen. Die Erwartungen, die man in dieser Hinsicht hegen mochte, erfüllten sich indes nicht in vollem Mass, und es muss gesagt werden, dass der Grund zu gutem Teile in der Persönlichkeit des Bibliothekars Gerlach lag. Der früher so regsame und (wie aus den Regenzprotokollen zu ersehen) stets Verbesserungen auf der Bibliothek in Vorschlag bringende Mann, der auch die Uebersiedelung der Anstalt in das Museum und die Aufstellung der Bücher daselbst mit allem was daran hing (Umsignierung im Katalog u. dgl.) geschickt und unter Vermeidung störender Folgen durchgeführt hatte, war seit den fünfziger Jahren schwerfälliger und für Neuerungen wenig empfänglich geworden, und da ihm die Gabe eines freundlichen, entgegenkommenden Wesens versagt war, hatte er mit zunehmendem Alter gegenüber dem Publikum, selbst seinen Kollegen, besonders aber den Studenten, ein etwas mürrisches Benehmen angenommen. — Dagegen der Vorwurf von gravierenden Unregelmässigkeiten, ja Veruntreuungen und Unordnung, der in der letzten Zeit in höchst offensiver Weise gegen ihn erhoben wurde und sogar zu einer Erörterung im Grossen Rate führte, wurde in der Hauptsache widerlegt; was bestehen blieb, wie z. B. Unauffindbarkeit einzelner Bücher u. a., konnte in der durch den Umzug hervorgebrachten Veränderung eine Entschuldigung finden.

Bei den grösseren Ansprüchen, die in dieser Zeit und in Folge der Besetzung der meisten Lehrstühle mit ausgezeichneten Männern an die Bibliothek erhoben wurden, waren die finanziellen Hilfsquellen nicht ausreichend. In den vierziger Jahren betrugen die Einnahmen jährlich um 3500 alte, in den fünfziger Jahren um 6500 neue Schweizerfranken. Die im Jahre 1854 veröffentlichte Schrift von Miescher, Riggenbach, Wackernagel und Schnell: Die Universität von Basel, was ihr gebricht und was sie sein soll, sagt S. 14: „Dass die öffentliche Bibliothek, in älterer Litteratur teilweise eine der vollständigsten, jetzt alljährlich karge Beiträge zusammenbetteln muss, um auf allen Auktionen die weiten Lücken lose und dünn zu ergänzen, und dann in der Neujahrrechnung mit regelmässigem Defizit wiederkehrt, ist uns keine Ehre."

Diese Schrift war veranlasst worden durch den in Folge der Ablehnung einer eidgenössischen Universität seitens der Bundesversammlung neu erwachten Eifer für Ausbau der hiesigen Anstalt. Das daraus hervorgehende Gesetz über Revision der Universitätsgesetze vom 15. Januar 1855 bedachte auch die Bibliothek, indem es in § 5 den schon im Gesetze von 1835 aufgestellten und im Gesetze vom 30. März 1852 auf 8000 Fr. normierten Jahreskredit für Gehaltszulagen auf 15 000 Fr. erhöhte, mit der Bestimmung, dass 5000 Fr. dieser Summe auf die akademischen Sammlungen zu verwenden seien. Von diesen erhielt die Bibliothek jährlich 2000 Fr., bis zum Jahr 1866, wo das neue Universitätsgesetz eine weitere Erhöhung gewährte.

Mehr und mehr erwies sich aber auch die Verbindung des Bibliothekariats mit einer ordentlichen Professur als überlebt und den neuen Aufgaben der Bibliothek nicht gewachsen. Die Bibliotheksverwaltung wurde eben altherkömmlicher Weise doch nur als Nebenbeschäftigung des damit betrauten Professors angesehen, und das fand auch darin gewissermassen seinen offiziellen Ausdruck, dass der Bibliothekar ausser der Amtswohnung eine ihrer Geringfügigkeit wegen kaum erwähnenswerte Remuneration bezog. Das aus dem Anzuge von Oberst Hans Wieland hervorgegangene Universitätsgesetz vom 30. Januar 1866 machte diesem Zustande ein Ende und stellte einen Bibliothekar auf, der sich diesem Amt ausschliesslich widmen sollte, mit dem Gehalte der ordentlichen Professoren. Der Paragraph 36 lautet:

    Die Bibliothek steht unter einer aus wenigstens fünf Mitgliedern bestehenden Kommission. Die unmittelbare Verwaltung und Besorgung hat ein unter dieser stehender Bibliothekar. Er wird vom Erziehungskollegium auf den Vorschlag der Kuratel, welche zuvor das Gutachten der Bibliothekskommission einzuholen hat, für eine Amtsdauer von sechs Jahren gewählt. Die Wahl unterliegt der Bestätigung des Kleinen Rats. Im Falle von Nachlässigkeit oder Pflichtverletzung kann er vom Kleinen Rat auf Antrag des Erziehungskollegiums auch vor Ablauf der Amtsdauer entlassen werden. Er bezieht einen Gehalt von 3000 Fr. und wohnt, wo es sich nicht um seine persönlichen Verhältnisse handelt, den Sitzungen der Kommission mit beratender Stimme bei.

    Eine von der Regenz entworfene und vom Erziehungskollegium genehmigte Ordnung regelt seine Geschäftsführung. Andere Geschäfte darf er nur mit besonderer Bewilligung des Erziehungskollegiums übernehmen.

    Unter dem Bibliothekar stehen die nötigen Unterbibliothekare, welche auf Vorschlag des Bibliothekars von der Bibliothekskommission ernannt werden und jeweilen wieder entlassen werden können. Sie erhalten ihre Remunerationen aus dem der Bibliothek zugewiesenen Kredit.

    Die Bibliothek ist für ihre Ausgaben zunächst auf den Bibliotheksfonds (fiscus bibliothecae publicae) angewiesen.

Zu dem letzten Satze bildete freilich der § 49 des Gesetzes eine angenehme Ergänzung, indem für die Sammlungen und Anstalten noch ausserdem ein jährlicher Staatsbeitrag von 12000 Fr. ausgesetzt wurde, und zwar 2500 Fr. für die Bibliothek, weitere 7000 Fr. für andere Anstalten, und der Rest von 2500 Fr. jährlich nach Bedürfnis zu verteilen der Regierung überlassen wurde. Von diesen letztern 2500 Fr. erhielt die Bibliothek bisher jährlich 1000 Fr.

In Folge dieses Gesetzes legte Professor Gerlach auf Neujahr 1867 sein Amt als Bibliothekar nieder und als sein Nachfolger wurde Dr. Wilhelm Vischer gewählt. Ihm folgte nach seinem Rücktritt 1871 Dr. Ludwig Sieber und diesem nach seinem Tode 1891 Dr. Karl Christoph Bernoulli.

* * *

An diesem Punkte angelangt, glaubt sich der Verfasser für den Rest seiner Darstellung eine gewisse Zurückhaltung auflegen zu sollen und zu dürfen. Diese 30 Jahre hat er, grossenteils selbstthätig in der Bibliotheksentwicklung mitwirkend, verlebt. Dem Anreize, Memoiren zu schreiben, will er widerstehen, um nicht aus der nötigen Objektivität zu fallen. Er will weder Lobredner auf sich und andere noch Kritiker sein.

Ueber die Entwicklung der Bibliotheksverhältnisse von 1849 bis 1885 findet sich ein vortrefflicher Abriss von Wilhelm Vischer in der von Prof. A. Teichmann verfassten Festschrift zum 50jährigen Jubiläum der akademischen Gesellschaft: die Universität Basel in den fünfzig Jahren seit ihrer Reorganisation im Jahre 1835, S. 64 ff. Alles Wichtige ist darin mitgeteilt. Umsomehr darf ich mich der Kürze befleissen.

Die letzten dreissig Jahre sind für die Bibliothek eine glückliche Zeit gewesen War das Museum mit ungefähr 70 000 Bänden bezogen worden, so ist es jetzt mit 200 000 verlassen worden. Dieser ungemein starke Zuwachs rührt zum kleineren Teile von Ankäufen her, die allerdings auch auf Grund vermehrter Geldmittel einen weiteren Umfang annehmen konnten, zum grösseren aber von Schenkungen bedeutender Bibliotheken, die nach dem Tode ihrer Eigentümer von den Erben der öffentlichen Bibliothek zugewendet wurden, so, um nur die wichtigsten zu nennen, die der Prof. Wilh. Wackernagel (1870), K. R. Hagenbach (1874), Wilhelm Vischer Vater (1875), J. J Stähelin (1876), Alb. Burckhardt-Merian (1886), Friedr. Miescher Vater (1887), Karl Steffensen (1889), Dr. Bernoulli-Werthemann (1893), Prof. J. J. Merian (1894). Prof. Joh. Schnell schenkte bei seiner Uebersiedelung nach Bern 1881 seine wertvolle Sammlung schweizerischer Rechtslitteratur und Dr J. M. Ziegler von Winterthur seine Kartensammlung[1]) und geographische Bibliothek. Man sieht, wie durch diese Geschenke alle Fächer des Wissens ihre Bereicherung fanden. Der Gesamtzuwachs der Bibliothek betrug beispielsweise in dem Jahre 1870: 4485 Bände, 1874: 5171. 1875: 5620, 1876: 3453, 1889: 6648, 1894: 7062.

Nicht minder erfreulich waren die in diese Zeit fallenden zahlreichen Geschenke in Geld und Stiftungen. Wenn man die Bibliotheksrechnungen der 60er und 70er Jahre durchgeht, so findet man unter den Einnahmen fast regelmässig Geschenke aus Trauerhäusern u. s.

---

[1]) Eigentlich der naturforschenden Gesellschaft geschenkt, aber von dieser der öffentlichen Bibliothek unter Vorbehalt ihres Eigentums übergeben Zu deren Fortführung besteht ein besonderer Verein.

verzeichnet, eine Einnahmequelle, die leider in jüngster Zeit fast ganz verschwunden ist. Der fiscus bibliothecae wurde vermehrt durch ein Legat von 40 000 Fr. des im Jahre 1880 verstorbenen Wilh. Burckhardt-Forcart, eins von 5000 Fr. des Prof. Alb. Burckhardt-Merian († 1886) und eins von 5000 Fr. (an besondere Bedingungen geknüpft) von Dan. Meyer-Merian († 1893).

Eine sehr wesentliche Hilfsquelle eröffneten der Bibliothek die zum Andenken verdienter Männer von deren Freunden, Schülern oder Erben errichteten Stiftungen, die Wackernagel-Stiftung (1870), die Rektor Burckhardt-Stiftung (1876), die Peter Merian-Stiftung (1883), die Albert Burckhardt-Merian-Stiftung (testamentarische Verfügung 1886), die Ludwig Sieber-Stiftung (1891), die Andreas Heusler-Stiftung (1894), die Achilles Thommen-Stiftung (1894). Hievon gebührt der Peter Merian-Stiftung noch ein besonderes Wort.

Der Mann, dessen Name diese Stiftung trägt, Ratsherr Peter Merian, hat sich während seines ganzen langen Lebens mit besonderer Liebe der Bibliothek angenommen. Unter der Amtsführung von Bibliothekar Gerlach, der, den Naturwissenschaften abhold, sogar in ostentativer Weise die Abneigung gegen sie zur Schau trug, nahm Peter Merian geradezu die Fürsorge für diese Abteilung der Bibliothek in seine Hand, im Museum verwaltete er faktisch den ersten Stock, wo die naturwissenschaftlichen Fächer aufgestellt waren, führte dort die Kataloge nach, signierte und stellte die Bücher auf, und sorgte für Anschaffung der notwendigen Werke unter jährlichen bedeutenden Zuschüssen aus seinen eigenen Mitteln. Täglich war er dort in seinem kleinen Arbeitszimmer mit Bibliotheksarbeiten beschäftigt und übte die volle Thätigkeit eines Bibliotheksbeamten aus. Nach seinem Tode (8. Februar 1883) kam der Wunsch von Freunden der Anstalt, diese freiwilligen Leistungen der Bibliothek nicht untergehen zu lassen, in der Peter Merian-Stiftung zum Ausdruck, die aus Beiträgen von Verehrern und der Familie des Verstorbenen im Betrag von 66 000 Fr. der Verwaltung des Museumsvereins unterstellt wurde und deren Zinsen jährlich zu Anschaffung von naturwissenschaftlichen Werken verwendet werden.

Endlich darf unter dem Zuwachs der Bibliothek nicht unerwähnt bleiben die im Jahr 1868 erfolgte Einverleibung der Bibliothek der historischen und antiquarischen Gesellschaft, die hierin das schon längst von der naturforschenden Gesellschaft gegebene Beispiel befolgte, und wie diese sich das Eigentumsrecht vorbehielt.

Dem starken Zuwachs des Bücherschatzes entsprach eine mehr und mehr zunehmende Benutzung der Bibliothek, die natürliche Folge nicht nur der Erweiterung der Universität an Lehrkräften und Studierenden, sondern auch der stetig wachsenden Einwohnerzahl der Stadt. Die Bibliotheksverwaltung that auch das Möglichste, um die Benutzung zu erleichtern, und gelangte schliesslich zur Offenhaltung der Bibliothek täglich von 10 Uhr bis zu einbrechender Dunkelheit. Weiteres zu thun verbot der Mangel an Beleuchtungseinrichtungen.

Den vermehrten Anforderungen, die sowohl das starke Anwachsen des Bücherbestandes als die Erleichterung der Benutzung an die Bibliotheksverwaltung stellten, waren nun aber die wenigen Beamten nicht mehr gewachsen. Bei Bezug des Museums 1849 gab es eigentlich nur einen Beamten, den Bibliothekar. Der Gehilfe Cand (seit 1858 Dr. phil. h. c.) Karl Buxtorf hatte damals nur den *Titel* eines zweiten Bibliothekars erhalten. Die angestellten Gehilfen wurden aus Stipendien u. dgl. nach Massgabe ihrer Arbeiten honoriert. Im Jahre 1856 beschloss die Regenz auf Antrag der Bibliothekskommission und mit Genehmigung der Kuratel für den Unterbibliothekar (Buxtorf) und einen Bibliothekssekretär fixe Gehalte aus den Einnahmen der Bibliothek und einem Beitrage des fiscus legatorum auszuwerfen. Die Bibliothekssekretäre waren nacheinander Dr. E. Wölfflin, Dr. Wilh. Vischer, Dr. Theophil Burckhardt und Dr. Karl Remigius Meyer.

Als Wilhelm Vischer 1867 das Amt des Bibliothekars angetreten hatte, sah sich Dr. Buxtorf in Folge schwerer Krankheit genötigt, seine Stelle als Unterbibliothekar aufzugeben. Die Geschäfte der beiden bisherigen Unterbeamten wurden jetzt dem zum Unterbibliothekar ernannten Dr. K. R. Meyer mit erhöhter Besoldung übertragen, aber es genügte das auf die Länge nicht. Nachdem man aushilfsweise Studenten zu Hilfsarbeiten verwendet, die dafür mit Stipendien honoriert wurden, deren Leistungen aber nicht die gehörige Zuverlässigkeit bieten konnten, gewährte 1874 die Regenz wieder aus dem fiscus legatorum einen jährlichen Beitrag zur Besoldung eines zweiten Unterbeamten, als welche in den folgenden Jahren thätig waren die DD. J. Cornu, Jak. Wackernagel, Alb. Burckhardt und Ad. Baumgartner. Auch die Aufstellung eines Bibliotheksdieners wurde 1876 durch Beschluss des Grossen Rats ermöglicht.

Dergleichen Auskunftsmittel reichten aber immer weniger aus. Einen weitern Schritt that der Grossratsbeschluss vom 10. September 1883, der dem Oberbibliothekar (dieser Titel tritt hier zuerst offiziell auf) einen aus Staatsmitteln zu besoldenden und in Bezug auf Wahlart und Besoldungsansatz jenem gleichgestellten zweiten Bibliothekar beigab. Als solcher wurde Dr. K. Meyer gewählt. Einen dritten Bibliothekar übernahm die Bibliothekskommission aus ihrem Kredit anzustellen, wozu die Regenz auch fernerhin den für den Bibliothekssekretär bisher aus dem fiscus legatorum gewährten Beitrag zu entrichten sich bereit erklärte. Diese Stelle hatten nacheinander Dr. F. Thomae aus Frankfurt a. M., Dr. Karl Chr. Bernoulli und Dr. Gustav Binz inne. Durch Nachtrag zum Universitätsgesetz vom 9. März 1893 gewährte der Grosse Rat auch für diesen dritten Bibliothekar einen jährlichen Kredit von 3000 Fr., und die Regenz erhöhte ihren Beitrag von bisher 600 Fr. auf 1000 Fr. zur Anstellung von Aushilfsarbeitern.

Diesem dritten Bibliothekar war hauptsächlich eine Arbeit zugedacht, die seit dem Amtsantritt von Wilhelm Vischer als unumgänglich notwendig in den Vordergrund getreten war: die Herstellung eines vollständig neuen Gesamtkatalogs. Der in den vierziger Jahren auf Grundlage des alten Zwingerschen Kataloges neu erstellte, grossenteils aus diesem nur umgeschriebene Katalog erwies sich teils als nicht vollständig genau, namentlich in den Signaturen nicht immer richtig, was eine Folge des Umzugs sein mochte, teils war er auf vielen Seiten überfüllt und gestattete keine Nachträge mehr. Schon Wilhelm Vischer hatte für alle unter ihm erfolgenden neuen Anschaffungen einen besonderen Zeddelkatalog angelegt und geführt, und seine Absicht war, in möglichst kurzer Frist durch die Hilfsarbeiter den schon vorhandenen Bücherbestand ebenfalls auf Zeddeln katalogisieren zu lassen und so den alten Katalog durch einen neuen zu ersetzen, der nach neuestem Prinzip nicht in Bände eingetragen sein, sondern aus alphabetisch geordneten Zeddeln, deren jeder je ein Buch verzeichnete, bestehen sollte. So richtig dieser Plan war, so sehr täuschte sich Vischer über die Schwierigkeit des Unternehmens. Die von Studenten und sonstigen gelegentlich verwendeten Hilfsarbeitern angefertigten Zeddel waren ungleichmässig und oft ungenau gearbeitet und konnten nicht als definitiv brauchbar gelten. Die Arbeit geriet dann überhaupt ins Stocken, als in den siebziger Jahren die grossen Schenkungen erfolgten, deren Aufstellung und Katalogisierung die Zeit und Kraft der Bibliotheksbeamten neben den laufenden Geschäften vollauf in Anspruch nahm. Erst als in dieser Hinsicht das Nötige gethan war, konnte der Plan eines neuen Katalogs nach einem aufgestellten genauen Schema an die Hand genommen werden. Es geschah dies im Jahre 1889 mit Beihilfe eines seither jährlich im Budget aufgenommenen und vom Grossen Rat genehmigten Kredits für Katalogarbeiten, wodurch es möglich wurde, neben dem dritten Bibliothekar noch einen besonderen Arbeiter dafür zu verwenden. Obschon man damals in die Schwierigkeiten dieser Aufgabe schon viel deutlicher hineinsah, glaubte man dennoch die Arbeit in kürzerer Zeit vollenden zu können, als sich jetzt nach sechsjähriger Thätigkeit herausstellt. Die Arbeit ist gegenwärtig etwa zur Hälfte vollbracht: allerdings muss gesagt werden, dass eben die damit betrauten Beamten auch nicht regelmässig und ausschliesslich dieser Thätigkeit obliegen konnten, sondern oft und viel bei laufenden Geschäften aushelfen mussten, auch der Militärdienst die Beamten in einer der Bibliotheksverwaltung sehr lästigen Weise in Anspruch nahm. Wer aber das schon Hergestellte von diesem neuen Katalog näher ansieht, wird die Ueberzeugung bekommen, dass hier eine ausgezeichnete Leistung vorliegt, die an Genauigkeit und Zuverlässigkeit hochgespannten Anforderungen entspricht und unsrer Bibliothek zur Ehre und Zierde gereicht.

  Beim Einzug in das Museum hatte man wohl eine so rasche Anfüllung der Büchersäle nicht vorgesehen, als sie nun in Wirklichkeit eintrat. Schon längst war aus einem bisher als Sitzungszimmer verwendeten Saale neben der Bibliothek zugleich das Amtszimmer des Oberbibliothekars und ein neuer Bücherraum geschaffen und der Bibliothek der durch den Bau des Bernoullianums im Jahre 1874 im Museum frei gewordene grosse Saal, der bisher das physikalische Kabinet enthalten hatte, überlassen worden; dann, unter der Amtsführung von L. Sieber, hatten neue Büchergestelle mitten in die Säle hineingepflanzt werden müssen, auch diese füllten sich rasch, und in einigen Abteilungen wusste man sich seit Jahren kaum mehr zu helfen. Für die Doubletten räumte die akademische Gesellschaft ein Gelass in einer ihr gehörigen benachbarten Liegenschaft ein, für die Universitätsschriften und Dissertationen bewilligte der Staat die Miete und den Mietzins in dem Nebengebäude der Lesegesellschaft. Noch in anderer Richtung erwiesen sich die Bibliotheksräume als unzulänglich: der bisher als Lese- und Arbeitszimmer verwendete Saal musste mehr und mehr für die Arbeiten der Bibliotheksbeamten und die Aufstellung des neuen Katalogs in Anspruch genommen werden, so dass es nachgerade unmöglich wurde, den Wünschen derer, die an Ort und Stelle den Studien obliegen wollten, in befriedigender Weise zu entsprechen. Die Raumnot drängte schliesslich zu dem dringenden Verlangen nach einem neuen Bibliotheksgebäude. In diesem Wunsche stiess die Bibliothekskommission auf die Konkurrenz der naturwissenschaftlichen Sammlungen, die in gleicher Not die Erbauung eines naturwissenschaftlichen Instituts anstrebten. Nachdem von dem Vorsteher des Erziehungswesens der Bibliothek die Priorität zuerkannt worden, konnte die Frage eines Neubaues für die Bibliothek studiert werden.

Am erfreulichsten wäre wohl gewesen, wenn die neue Anstalt, da sie doch der ganzen Bürgerschaft dienen soll, in möglichst zentraler Lage hätte erstellt werden können, und zwar im Anschlusse an das Museum gegen den Münsterplatz. Dem standen entgegen die grossen Kosten des Landerwerbs, die Schwierigkeit einer später nötig werdenden Erweiterung und der Wunsch der Erziehungsbehörde, die wissenschaftlichen Institute im Lauf der Zeit möglichst in der Gegend des Bernoullianums, des Spitals, des Vesalianums zu vereinigen. So fiel die Wahl auf das Areal des Spalengottesackers, dessen nördlicher Teil gegen die Bernoullistrasse hiefür ausersehen wurde. Eine Konkurrenzausschreibung hatte das Einlangen einer grösseren Zahl von Plänen zur Folge, aber die Bibliothekskommission konnte sich von keinem derselben befriedigt erklären. Auf Wunsch des Oberbibliothekars fertigte der Architekt Emanuel LaRoche Skizzen für den Neubau aus, die der Bibliothekskommission dergestalt einleuchteten, dass sie beschloss, sie der Kuratel gleichzeitig mit ihrem ablehnenden Bericht über die Konkurrenzpläne zu übermitteln und zu möglichster Berücksichtigung zu empfehlen. Auch bei den Erziehungsbehörden fand dieses neue Projekt Zustimmung, und nach einer von dem Regierungsrate angeordneten Begutachtung durch eine Expertenkommission wurden diese Skizzen von ihrem Urheber genauer ausgearbeitet und der Berechnung eines Kostenvoranschlages unterzogen. Dieser lautete auf 817 450 Fr. Der Regierungsrat beschloss darauf, dem Grossen Rate die Erbauung der Bibliothek nach den Plänen von E. LaRoche und die Bewilligung des hiefür erforderlichen Kredits von 817 450 Fr. zu beantragen, falls die akademische Gesellschaft sich mit einem Beitrage von 400 000 Fr. daran beteiligen werde.

Die akademische Gesellschaft war im Fall, aus den für Bauzwecke gemachten Ersparnissen ungefähr 100 000 Fr. zur Verfügung zu stellen. Die Brüder und Erben des jüngst verstorbenen Prof. J. J. Merian übergaben ihr in verdankenswerter Liberalität zu demselben Zwecke als Andenken an ihren Bruder fernere 100 000 Fr., es handelte sich also um die Aufbringung der zweiten Hälfte der von der Gesellschaft verlangten Summe. Die akademische Gesellschaft beschloss, sich an die Freunde der Wissenschaft zu wenden, und die nun eröffnete Subskription hatte das alle Erwartungen übertreffende Resultat, dass binnen wenigen Wochen 249 650 Fr. gezeichnet waren und die akademische Gesellschaft der Regierung die Erfüllung der Bedingung zusagen konnte. Am 18. Mai 1893 nahm der Grosse Rat die Anträge der Regierung an. Im Herbst 1896 wurde die Uebersiedelung der Bibliothek in das neue Gebäude vollzogen.

* * *

Fassen wir nun noch in kurzen Worten zusammen, was die Bibliothek für das wissenschaftliche Leben Basels heute bedeutet, was sie an Leistungsfähigkeit schon in sich trägt und durch ihre neue Wohnstätte noch neu dazu gewinnt, so wird den mit ihrer Verwaltung betrauten Männern dadurch der Weg vorgezeichnet, den sie künftig zu beschreiten und zu gehen haben.

Das Anwachsen der Bücherzahl auf das beinahe Dreifache des Bestandes, den die Bibliothek 1849 bei der Besitzergreifung des Museums hatte, stellt unsere Büchersammlung in die Reihe der mittleren deutschen Universitäts- und Stadtbibliotheken. Ragt sie also durch ihren äussern Umfang nicht über diese hinaus, so übertrifft sie dagegen viele derselben durch ihren planmässigen Ausbau der einzelnen Litteraturgebiete. Was im Jahre 1833 als ein Hauptmangel der Bibliothek ins Auge fiel, das Walten des Zufalls in den Erwerbungen, so dass oft Hauptbibliothekswerke fehlten in Fächern, in denen unbedeutendere Werke vorhanden waren, und überhaupt das Assortiment, um mich so auszudrücken, in den einzelnen Gebieten nicht grundsätzlich gepflegt worden war, das ist jetzt grossenteils gut gemacht, so vieles auch noch zu thun bleibt, bis die Sünden von drei Jahrhunderten wettgeschlagen sein werden. Aber es darf doch gesagt werden, dass heute kein Gebiet der Wissenschaften des Notwendigen entbehrt, und dass manche auch des Nützlichen und selbst des Behaglichen die Fülle haben. Immerhin werden auf unabsehbare Zeit die Anschaffungen aus dem Antiquariatsbuchhandel eine wichtige Aufgabe der Bibliotheksverwaltung bleiben und ihr in Erwerbungen von Novitäten eine grosse Zurückhaltung auferlegen. Denn die finanziellen Mittel, über die unsere Anstalt verfügt, so sehr sie in den letzten Jahrzehnten durch die Fürsorge der Behörden und die Gunst unserer Freunde gewachsen sind, vermögen noch keineswegs das zu leisten, was zur Beseitigung aller Lücken und entsprechender Fortführung in einem dem Stande der Wissenschaft entsprechenden Masse erforderlich wäre

Die Jahreseinnahmen bestehen heute aus ca 5000 Fr. aus dem fiscus bibliothecae, 6500 Fr. Staatsbeitrag, 1500 Fr. vom Museumsverein, ungefähr 5000 Fr. aus dem Ertrag der Stiftungen, als ordentlichen Einnahmen, und variabeln, sehr schwankenden Eingängen von Inskriptions- und Promotionsgebühren, Neujahrsgeschenken, akademischen Vorträgen, und einigen Zuwendungen, die wir im Durchschnitt auf 2500 Fr. veranschlagen können, zusammen also etwa 20 000 Fr., die ausschliesslich für Bücheranschaffungen und Einbände zu Gebote stehen.[1]) Bei der heutigen Ueberschwemmung des Büchermarkts und der stetigen Steigerung der Bücherpreise eine Summe, die der Bibliothekskommission die Auswahl der anzuschaffenden Bücher zu einer keineswegs leichten Aufgabe macht.

Durch den inneren Ausbau der Bibliothek ist ihre Leistungsfähigkeit gegenüber den Ansprüchen der Freunde der Wissenschaft auf eine Höhe gebracht, die sich in der wachsenden Zahl der Besucher und Benutzer der Anstalt deutlich ausspricht. Sie wurde noch gesteigert durch die Ausdehnung der Zeit, in der die Bibliothek geöffnet ist, und sie wird ohne Zweifel im neuen Gebäude noch sehr bedeutend gehoben werden durch den prächtigen und einladenden Arbeitssaal mit seiner Handbibliothek.

Alles das stellt an die Bibliotheksverwaltung grosse Aufgaben, von denen die frühere Zeit keine Ahnung hatte. Sie wird sie mit Freuden auf sich nehmen und die ihr anvertraute Anstalt in treuer Pflege fördern. Möge ihr dabei die Gunst der Behörden erhalten bleiben und die Unterstützung der Einwohnerschaft nicht fehlen, die, wie sie sich für den Bau des Gebäudes so hochherzig erwiesen hat, nun auch für die Fortführung der Sammlung willigen Sinn und offene Hand bewähren möge.

---

[1]) Nicht gerechnet sind die 3000 Fr. Staatsbeitrag für die Besoldung des dritten Bibliothekars und die jährlich für die Herstellung des neuen Kataloges bewilligte Summe von durchschnittlich 3000 Fr

BEILAGEN

L.

Verzeichnis der Bibliothekare.

1534. Doctor Andreas Karlstadt.
1559. Heinrich Pantaleon Prof. Basil.
1585. Christian Wurstisen und Beatus Hüliua.
1590. Johann Niklaus Stupanus und Peter Ryf.
1623 ff. Johann Konrad Pfister, Professor der Rhetorik, † 1636.
1636 ff. Johannes Buxtorf, Sohn, Professor der hebräischen Sprache.
1651. Wird dem Bibliothekar Buxtorf als zweiter Bibliothekar Johann Rudolf Wettstein, Professor der Theologie, beigegeben.

Erster Bibliothekar:

1662. Joh. Rud. Wettstein.

1668. Johannes Zwinger, seit 1665 Professor der Theologie. † 1696.
1696. Johann Jakob Buxtorf. † 1704.
1704. Samuel Werenfels, tritt zurück 1727.

Zweiter Bibliothekar:

Johannes Zwinger, damals Professor der griechischen Sprache.
Johann Jakob Buxtorf, Professor der hebräischen Sprache.
Samuel Werenfels, Professor der Theologie.
Johannes Wettstein, zuerst Professor der griechischen Sprache und der Ethik, seit 1706 Professor der Rechte.

1712 wurden diesen beiden, „da sie oft nicht zu Hause waren, wenn die Bibliothek gezeigt werden sollte", zwei adjuncti beigegeben. Fortan giebt es also zwei bibliothecarii ordinarii und zwei adjuncti, und zwar:

	Bibliothecarii ordinarii		Bibliothecarii adjuncti	
	primus	alter	primus	alter
1712.	Samuel Werenfels.	Joh. Wettstein.	Jakob Christoph Iselin, Prof. der Geschichte und der Theologie.	Theodor Zwinger, Professor der Medizin. † 1724.
1714.		Nicolaus Harscher, Prof. der Eloquenz.		
1724.				Die Stelle des verstorbenen Zwinger wird noch nicht besetzt.
1727.	Jak. Christ. Iselin, † 1737.		Johann Ludw. Frey, Prof. der Geschichte und der Theologie.	Joh. Rud. Zwinger, Professor der Medizin.
1737.	Joh. Ludw. Frey.		Emanuel König, Professor der Medizin. † 1752.	
1738.		Nicolaus Harscher tritt zurück mit dem Titel eines honorarius. † 1742. Weil kein Regentialis dieses Amt begehrt, wird gewählt: Balthasar Burckhardt, ex facultate philos.		
1741.		Burckhardt tritt zurück, weil zur theologischen Professur befördert, daher er sein Amt einem Mitglied der philosophischen Fakultät überlassen muss. Gewählt wird Andreas Weiss, Prof. der Philosophie, der 1747 einer Berufung nach Leyden folgt.		
1748.		Joh. Heinr. Brucker, Prof. der Geschichte. † 1754.		

	Bibliothecarii ordinarii		Bibliothecarii adjuncti	
	primus	alter	primus	alter
1753.	Abhitte v. J. L. Frey. An seine Stelle gewählt: Jakob Christoph Beck, Prof. der Theologie.		Jeremias Raillard, Professor der Rhetorik.	
1754.		Jeremias Raillard. † 1772.	Joh. Rud. Thurneysen, Prof. der Rechte. † 1774.	
1767.				Zwinger tritt altershalb zurück. An seine Stelle wird gewählt Joh. Rud. Stähelin, Professor der Medizin. † 1800.
1772.		Joh. Heinr. Ryhiner, Prof. der Philosophie. † 1802.		
1774.			Joh. Heinr. Falkner, Professor der Rechte. † 1814.	
1785.	Johann Werner Herzog, Prof. der Theologie.			
1801.				J. J. Stöckelberger, Professor der Medizin.
1802.		Daniel Huber, Prof. der Mathematik † 1829.		
1810.	Herzog tritt zurück. Gewählt wird Joh. Meyer, Prof. der Theologie. † 1813.			
1813.	Joh. Rud. Buxtorf, Prof. theol.			
1814.			Joh. Rud. Fäsch, Professor der Rechte. † 1817.	

	Bibliothecarii ordinarii		*Bibliothecarii adjuncti*	
	primus	alter	primus	alter
1817.			Chr. Le Grand, Professor der Rechte.	
1819.			Joh. Rud. Schnell, Professor der Rechte.	Joh. Rud. Burckhardt, Prof. der Medizin.
1821.	Abbitte Buxtorfs. Gewählt Emanuel Merian, Prof. theol.			

Seit 1821 ist Bibliothekar der ordinarius ex ordine philosophico, die drei andern durch ein Mitglied aus der philosophischen Fakultät erweitert bilden die Bibliothekskommission.

Als Bibliothekare fungieren fortan:

Daniel Huber bis 1829.
Franz Dorotheus Gerlach, gewählt den 30. Juni 1830, zurückgetreten auf 1. Jan. 1867.
Wilhelm Vischer, 1867 bis 1871.
Ludwig Sieber, 1871 bis 1891.
Karl Christoph Bernoulli, seit 1891.

II.

Bibliotheksreglement um 1477.

Juramentum prestari solitum per intrantes librariam vniuersitatis.

Ego iuro et promitto quod fideliter agere volo cum libris vniuersitatis nullum alienando aut aliquod dampnum eisdem inferendo, et si casualiter aut alias quouismodo eisdem aliquod dampnum me inferre contingat, statim meis expensis fideliter reformabo.

Item quod librariam post mei introitum et exitum claudam nec aliquem vel aliquos intromittam seu introducam, quin illum seu illos mecum educam ac librariam per me fideliter claudam.

Item quod nulli communicabo vel accomodabo clauem librarie vt ingrediatur librariam vel aliam clauem de ea sibi faciat, quin ymo fidelius quo potero clauem custodiam, predicta precauendo.

Item quod si me ab hoc seculo cedere aut a ciuitate Basiliensi locum mutare contingat, clauem dicte librarie domino Rectori vniuersitatis pro tempore fideliter presentabo aut presentari procurabo.

Item quod dicte librarie comodum et augmentum vbicumque potero promonebo.

Item statuimus etiam quod claues dumtaxat pirretatis[1]) et de consilio vniuersitatis existentibus qui saltim iuramentum prestiterunt prescriptum dentur et non aliis sine consensu Rectoris vniuersitatis.

Item nullus liber amplius extra librariam alicui accomodetur.

---

[1]) Pirretati, richtiger birretati, sind die Doktoren und Magister der vier Fakultäten. S. Vischer, Geschichte der Univ. Basel, S. 100.

III.
Bibliotheksordnung vom 20. März 1591.

LEGES BIBLIOTHECAE BASILIENSIS.

I.

Bibliothecarius quilibet bibliothecae curam bona fide gerito, utque suo ordine constet, librique manuscripti et rariores quoque recondantur, operam dato.

II.

Bibliothecae claues, praeterquam Rectori, Decanisue, nemini concredito.

III.

Qui Professorum, Pastorum, Senatorumue, ac Typographorum, libros utendos ex Bibliotheca habere volet, eorum nomina, diemque quo sumpserit, quoque redditurus sit, manu propria notato, pretiumque ascribito; quod (libro, casu aliquo fortuito, negligentiaue amisso, aut corrupto) sit fisco Academico, bona fide, et sine ulla exceptione, tergiuersatione, moraue exoluturus. Pretii autem modum Bibliothecarius arbitrio suo ita definiat, ne minus sit justi communisque valoris duplo.

IV.

Bibliothecarius, si res postulet, ex sententia Rectoris et Decanorum, una cum Collega vel pretium statutum exigat, vel librum raptum repetat, deque damno decidat.

V.

Libros manuscriptos, caeterosque rariores, extra Bibliothecam, ne cuiquam, praesertim non bene noto, facile, nec nisi Rectoris voluntate, concedunto; maxime si ob vetustatem, corrosionem, similemue causam, maioris damni timor subesse possit: pretium etiam auctius hic definiunto: et cum liber restituitur, ne quid deterius in eo factum sit, diligenter aduertunto.

VI.

Et extra urbem, nec sub pignoribus fideiussoribusue idoneis, cuiquam, praesertim manuscriptos, rarioresue, nisi jubente Academico Senatu, commodato dent Bibliothecarii.

VII.

Vltra trimestre spatium ne cuiquam cuiusquam libri usum Bibliothecarius permittat: nisi qui accepit, ut ultra uti liceat, a Senatu Academiae nominatim impetrârit.

IIX.

Eadem omnia in adnexis, pro quibus Professorum aliquis idonee spoponderit, obseruanto.

IX.

Vt quorumlibet nouorum hic excusorum librorum exemplar unum Typographi, more consueto Bibliothecae inferant, operam danto: eosque, si operae pretium existimauerint, vel singulos, vel qui propter similitudinem apte coniuugi possunt, compingendos ita curanto, ut excellentium alibi excusorum librorum emptionem, quantum quidem in hac fisci bibliothecarii tenuitate licebit, minime negligant.

X.

Acceptae expensaeque pecuniae rationes nuper electo Rectori Decanisque annuatim danto; inito vero officio, singuli Bibliothecarii, librorum commissorum, administrationis, atque adeo curae bibliothecariae totius fideliter reddunto. Si quis quid per incuriam amiserit, neglexerit, restituito, compensato.

Actum et sancitum in Senatu Academico nostro,
20. Martii, Anno 1591.

IV.
Bibliotheksordnung vom 10. September 1622.

LEGES
BIBLIOTHECAE BASILIENSIS.

I.
Bibliothecarius, quotannis a Senatu Academico electus, bibliothecae curam bona fide gerito, utque suo ordine constet, librique manuscripti recondantur, operam dato.

II.
Bibliothecarius claves bibliothecae (quas praeter Rectorem et ipsum nullus alius habeat) nemini concredito.

III.
Quicumque libros utendos ex bibliotheca habere volet, nomen suum, diemque quo sumpserit, manu propria, in librum eius rei causa paratum notato, et quod libro, quocunque casu, etiam fortuito, negligentiave amisso, aut corrupto, sit fisco Academico precium eius, ab Academiae Senatu definitum, exsoluturus, Bibliothecario bona fide promittito, preciumque amissi vel corrupti libri Bibliothecarius, ab eo, qui utendum accepit, exigito.

IV.
Libros tamen manuscriptos, caeterosque rariores, nemini, nisi Rectoris et Decanorum voluntate, concedito, maxime si ob vetustatem, corrosionem, similemve causam, maioris damni timor subesse possit. Et cum liber restituitur, ne quid deterius in eo factum sit, diligenter advertito.

V.
Extra urbem autem, nec sub pignoribus fideiussoribusve idoneis, cuiquam, libros praesertim manuscriptos, rarioresve, nisi decernente Academico Senatu, commodato dato.

VI.
Vltra trimestre spatium (exceptis Academiae Professoribus) nullius libri usum, Bibliothecarius alicui permittat: nisi, qui accepit, ut ultra uti liceat, ab ipso impetrarit. Repetere tamen a commodatariis libros quocunque tempore, trimestri etiam nondum elapso, maxime si Professorum aliquis cuius professioni inservit, iis quoque uti velit, Bibliothecario fas esto.

VII.
Studiosis, qui honorum consequendorum causa ad nos veniunt, vel Candidatis, solo consensu Decani eius Facultatis, cuius Studiosi sunt, interveniente, reliquis vero peregrinis, non nisi fideiussoribus idoneis datis, libros utendos concedito.

VIII.
Quorumlibet hic Basileae excusorum vel recusorum librorum exemplar unum a typographia, more consueto, Bibliothecarius exigito, et ut Bibliothecae inferatur, Decano cuiuslibet Facultatis tradito.

IX.
Si numerus librorum ex Bibliothecae reditibus augeri per emptionem possit, eos Decani, cum consensu tamen suorum collegarum, non vero Bibliothecarius, emunto, compingendosque curanto.

X.
Decani quoque singuli acceptae expensaeque pecuniae rationes nuper electo Rectori, et Collegis, eodem tempore, quo Facultatis rationes redduntur, danto. Similiter et Bibliothecarius annuatim librorum commissorum, administrationis, atque adeo curae bibliothecariae totius rationem fideliter reddito. Librosque universos et singulos commodato datos, antequam anniversariae rationes instituuntur, repetito, suoque ordine collocatos Rectori Decanisque ostendito. Si quid per incuriam amiserit, neglexerit, restituito, compensato.

Actum et sancitum in Senatu Academico nostro,
10. septembr. anno 1622.

V.
Bibliotheksordnung vom 14. Oktober 1681.

LEGES
BIBLIOTHECAE ACADEMIAE BASILIENSIS.

I.
Bibliothecarii duo, quotaunis a Senatu Academico electi, Bibliothecae curam bona fide gerunto: utque suo ordine constet, librique manuscripti recondantur, operam danto.

II.
Bibliothecarii claves Bibliothecae (quas praeter Rectorem Vniversitatis et ipsos nullus alius habeat) nemini conceredunto.

III.
Ne vero thesaurus iste humi defossus lateat, Bibliotheca hebdomadatim die Jovis ab hora I. usque ad III. pomeridianam, utroque aut altero saltem Bibliothecario duobusque alumnis praesentibus et observantibus aperitor, atque ad lustrationem et lectionem librorum omnibus rei literariae cultoribus, quorum fides non est sublesta, aditus conceditor, cuius privilegii redimendi et potiundi ergo unusquisque nomen suum in matricula inscribito, assesque decem numerato. Sic vulgus studiosorum. Caeteri quivis pro dignitatis et honoris gradu.

IV.
Honorarium quoque, strenae loco, quotquot Bibliothecam adeunt, et supellectile libraria utuntur, pro arbitrio cuiuscunque quotannis die ultimo Decembris per ministrum Academicum Bibliothecariis mittunto.

V.
Quicunque libros utendos ex Bibliotheca habere volet, nomen suum diemque quo sumpserit in librum eius causa paratum notato, et quod, libro quocunque casu etiam fortuito negligentiave amisso aut corrupto, sit Fisco Academico pretium eius ab Academico Senatu definitum, sine ulla exceptione, tergiversatione morave exsoluturus, Bibliothecariis bona fide promittito; pretiumque amissi vel corrupti libri Bibliothecarii ab eo, qui utendum accepit, exiguato.

VI.
Libros tamen manuscriptos, caeterosque rariores, nemini, nisi Vniversitatis Rectoris et Decanorum voluntate, concedunto, maxime si ob vetustatem, corrosionem similemve causam maioris damni timor subesse possit. Et cum liber restituitur, ne quid deterius in eo factum sit, diligenter advertunto.

VII.
Extra Vrbem autem, nec sub pignoribus fidejussoribusve idoneis, cuiquam, libros praesertim manuscriptos rarioresve, nisi decernente Senatu Academico, commodato danto.

VIII.
Vltra trimestre spatium (exceptis Vniversitatis Professoribus) nullius libri usum Bibliothecarii alicui permittant: nisi qui accepit, ut ultra uti liceat, ab ipsis impetrarit. Repetere tamen a commodatariis libros quocunque tempore, trimestri etiam nondum elapso, maxime si Professorum aliquis, cuius Professioni inservit, iis quoque uti velit, Bibliothecariis fas esto.

IX.

Studiosis, qui honorum consequendorum causa ad nos veniunt, vel Candidatis, solo consensu Decani eius Facultatis, cuius studiosi sunt, interveniente, reliquis vero peregrinis, non nisi fidejussoribus idoneis datis, libros utendos concedunto.

X.

Quorumlibet heic Basileae excusorum vel recusorum librorum exemplar unum a typographis, more consueto, Bibliothecarii exiguntο, et ut Bibliothecae inferatur, Decano cuiuslibet Facultatis tradunto.

XI.

Si numerus librorum ex Bibliothecae reditibus per emptionem augeri possit, eos Decani citra moram, cum consensu tamen suorum collegarum, emunto, non vero Bibliothecarii, compingendosque curanto, nihilque nummorum, ad augendam Bibliothecam pertinentium, in Fisco otiosum esse patiuntor.

XII.

Professores, Pastores et Ministri Verbi Divini in Vrbe et Agro, nec minus Gymnasiarcha, eiusque proximus collega, Praeceptor nimirum VI. Classis, ut primum officiorum suorum auspicia duxerint, librum duorum talerorum imperialium pretium ad minimum adaequantem Bibliothecae inferunto, adhibito tamen prius et impetrato, de libri auctore et qualitate, Decani cuiuslibet Facultatis, ad quem ille pertinet, et Bibliothecariorum consilio, approbatione et consensu.

XIII.

Ad gradum Doctoratus et Licentiae heic promoti, memoriam nominis sui exhibitione libri paris pretii consecranto.

XIV.

Decani quoque singuli acceptae expensaeque pecuniae rationes nuper electo Rectori et Collegis eodem tempore, quo Facultatis rationes dantur, reddunto: Similiter et Bibliothecarii annuatim Fisci sibi concrediti acceptorum et expensorum, nec non librorum commissorum, administrationis, atque adeo curae bibliothecariae totius, annuatim tempore constituto Rectori Vniversitatis et Decanis rationes fideliter danto, librosque universos et singulos, commodato datos, anteqnam anniversariae rationes instituuntur, repetunto suoque ordine collocatos iisdem sub auspicia novi Rectoris ostendunto. Si quid per incuriam amiserint, neglexerint; restituunto, compensanto.

Actum et sancitum in Senatu nostro Academico, d. 14. octob. Ann. 1681.